菜根谭

〔明〕洪应明 / 著
陈实 / 译注

江西人民出版社
Jiangxi People's Publishing House
全国百佳出版社

图书在版编目（CIP）数据

菜根谭 /（明）洪应明著；陈实译注. -- 南昌：
江西人民出版社，2017. 5
ISBN 978-7-210-09086-1
Ⅰ. ①菜… Ⅱ. ①洪… ②陈… Ⅲ. ①个人 - 修养 -
中国 - 明代②《菜根谭》- 注释③《菜根谭》- 译文 Ⅳ. ①B825

中国版本图书馆CIP数据核字（2017）第018526号

菜根谭

（明）洪应明 / 著

责任编辑 / 王华　钱浩

出版发行 / 江西人民出版社

印刷 / 北京柯蓝博泰印务有限公司

版次 / 2017年5月第1版

2018年12月第2次印刷

880毫米 × 1280毫米　1/32　7.25印张

字数 / 178千字

ISBN 978-7-210-09086-1

定价 / 32.80元

赣版权登字-01-2017-5

前 言

《菜根谭》是一部论述修养、人生、处世、出世的语录集，成书于明朝万历年间，作者为明朝还初道人洪应明。洪应明，字自诚，号还初道人，大约生活在内忧外患渐现端倪的明朝万历年间。史料上关于他的事迹没有太多记载，然而，他的旷世之作《菜根谭》却透着禅的意蕴，藏着道的机锋、儒的义理，读后使人氤氲蒙蔽的心灵豁然开朗。

“菜根”得来于“咬得菜根，则百事可做”等民间俗语，意谓“人的才智和修养只有经过艰苦磨炼才能获得”。“谭”即是“谈”。全书具有醒世劝人的作用，是一部有益于人们陶冶情操、磨炼意志、奋发向上的通俗读物。它富含生活伦理思想，深刻的体现了中华传统道德生活化的倾向，几乎涵盖儒释道等多家学说中有关做人做事的道理。对于人修身养性、正心正德等，有不可思议的潜移默化的力量。其文字简练、清新、优美，兼采雅俗，具有语录、随笔、格言的特征。

宋人汪信民说：“人咬得菜根，则百事可做。”明人孔兼称：“谭以菜根名，固自清苦历练中来，亦自栽培灌溉里得。”一代伟人毛泽东说：“安贫者能成事，嚼得菜根百事可做。”读懂了《菜根谭》，便能体会出人生百种滋味，就能做到“风急雨斜处，立得脚定；花浓柳艳处，着得眼高；路危径险处，回得头早”。

书中不乏有“神奇卓异非至人，至人只是常”“真廉无廉名，立名正所以为贪；大巧无巧术，用术者所以为拙”等讲说清淡虚无修身养性的哲学观点；不乏有“士有百折不回之真心，才有万变不穷之妙用”“心不可不虚，虚则义理来居；心不可不实，实则物欲不入”等学习知识不断进取的观点；不乏有“大恶多从柔处伏，哲士须防绵里针”“功过不易少混，混则人怀惰隳之心；恩仇不可太明，明则起携贰之志”等经世致用的处世哲学；不乏有“融得性情上偏私，便是一大学问；消得家庭内嫌隙，才为内栽莲”“居家有二语曰：‘惟恕则平情，唯俭则足用’”等治家齐家的观点。

可以说，一部《菜根谭》，涵盖了中国人处世哲学的方方面面，如果能读透这一本书，那么便能够帮助自己更好地处理好人际关系，能够让自己在这纷繁多变的世界里从多个方面感悟、体谅、修行，从而遇见更好的自己。

也正因为如此，我们在编译的时候，根据内容将全文分为修身篇、劝学篇、处世篇、经世篇、治家篇、出世篇、养生篇七部分，共386条。每一则格言都添加标题，配有注释、译文力求还原原典的同时抛砖引玉。以只叙而不议的形式，让读者自己体悟。

由于时间仓促，书中难免谬误之处，敬请批评指正！

目 录

修身篇

烈火炼真金，成事须用功 2
一念错皆错，万善全方全 2
闲中消忙错，静时息非心 3
扫事境尘氛，忘心境芥蒂 3
不忍伤残念，不为贪冒心 4
拨开世尘氛，消却心鄙吝 5
扫去面上甲，涤除胸中尘 5
日欺人夜愧，少失志老悲 6
养性即立命，尽人自回天 6
得意处水月，拂意时火莲 7
君子明心事，君子韬才华 7
真味只是淡，至人只是常 8
正气还天地，清名在乾坤 8
人人大慈悲，处处真趣味 9
无得罪昭昭，无得罪冥冥 9
苦心常悦心，得意生失意 10
真廉无廉名，大巧无巧术 10
天理路上宽，人欲路上窄 11
一起欲便觉，一觉便转念 11
天命又如何，人定能胜天 12
天之机权神，人之智巧拙 12
人看后半截，晚节不可丧 13
君子而诈善，无异恶小人 13
心常看圆满，世界无缺陷 14
不变其操履，不露其锋芒 14
真心感天地，精诚贯金石 15
心体如天体，流转勿凝滞 15
暗室培节义，履冰操经纶 16
德者才之主，才者德之奴 17
德者事业基，心者修行根 17
勤者敏德义，世人济其贫 18
为鼠常留饭，怜蛾纱罩灯 18
定云止水中，有鱼跃鸢飞 19
居卑知高危，处晦知明露 19
吉人多和气，凶人多杀机 20
与人相观治，一方便法门 20
吾身小天地，天地大父母 21
去混心自清，去苦乐自存 22

心虚则性现，意净则心清 22
节义济和衷，功名承谦德 23
有意者反远，无心者自近 23
念随起随灭，与太虚同体 24
好利害显浅，好名害隐深 25
机动见杀机，念息见真机 25
心乱静中乱，心静乱中静 26
欲重吾生苦，性真吾生乐 26
非粗无以精，虽雅不免俗 27
善于操身心，收放吾自由 27
理寂则事寂，心空则境空 28
无心不必观，物一何须齐 29
机息见风月，心远无尘迹 29
富贵德中来，自舒徐繁衍 30
只以我转物，不以物役我 31
去心中冰炭，随地有春风 31
贫士肯济人，闹场能学道 32
小处不渗漏，暗处不欺隐 32
喜奇无远识，苦节须恒久 33
怒欲处转念，邪魔变真君 33
一念犯鬼神，言行须谨慎 33
不为世法染，气味迥然别 34

劝学篇

玄默宁真体，恬愉养圆机 36
心是一明珠，畏理障难除 36
功夫难处做，学问苦中得 37
事理自悟明，意兴自得妙 38
修德要专心，读书须深心 38
心地干净时，可读书学古 39
学须扫外物，直觉本来真 39
兢业之心思，潇洒之趣味 40
磨炼成福久，参勘成知真 41
不昧坐中堂，化贼为家人 41
磨砺如炼金，施为勿轻发 42
天机清澈者，触物皆会心 42
以迹用不足，以神用为妙 43
涉世中出世，尽心内了心 43
知成之必败，求成不必坚 44
未定绝尘嚣，既坚混风尘 44
学道须努力，得道任天机 45
火炼陶铸纯，他日成令器 45
事物无定品，穷理识趣先 46
攻人毋太严，教人毋过高 47
逆境砺节行，顺境销膏骨 47
文以拙而进，道以拙而成 48
横逆穷困境，锻炼身心炉 48
宽之或自明，纵之或自化 49
节义与文章，以德性陶熔 49
道随人接引，学随事警惕 50
拂逆消怨尤，荒怠奋精神 50
执理病难医，义理障难除 51
读不落筌蹄，观不泥迹象 51
时时检点处，学问真消息 52
勿自昧所有，勿自夸所有 53
昨非不可留，今是不可执 53

百折不回心，万变不穷用 54
操存涵养功，处一化齐妙 54
英敏以学摄，激昂以德融 56
初起剪人欲，乍明拓天理 56
文章只恰好，人品只本然 57
提醒昏散念，放下吃紧念 57
识乃照魔珠，力乃斩魔剑 58
意见害心贼，聪明障道屏 58
虚心居义理，实心拒物欲 59
性躁事无成，心和百福集 59
浓艳试淡泊，纷纭勘镇定 60
智小不谋大，趣卑不谈高 60
欲路毋染指，理路毋退步 61
勿凭意兴为，勿从情识悟 61
口乃心之门，意乃心之足 62
身虽在事中，心要超事外 62
遇好书良友，享碗茗炉烟 63
日与圣贤语，时共造化氲 63
涤尽心渣滓，始见本真体 64
闲时身须忙，收摄心可放 65
名为招祸本，欲乃散志媒 65
完心上本来，得世间常道 66
塞物欲之路，弛尘俗之肩 67
千江一轮月，心珠宜独朗 67
难灭情舍欲，可平情寡欲 68
五更勘心体，饮食谙世味 68
静夜观心时，妄穷真独露 69
降客伸正气，消妄现真心 70

处世篇

操存有真宰，应用有圆机 72
人不轻喜怒，物不重爱憎 72
玩世防射影，欺人恐照胆 73
是非不迁就，利害少分明 73
宁风霜自挟，毋鱼鸟亲人 74
心内须精明，为人要浑厚 75
念头持到底，小事不松弛 75
无背后之毁，无久处之厌 76
己之欲须忍，人之情当恕 76
难亲胜疏终，守拙胜巧持 77
灭处观功名，起处究困穷 77
待人留恩礼，御事留才智 78
仇边弩易避，恩里戈难防 78
芳垢名不留，只元气浑然 79
宁刚方见惮，勿媚悦取容 79
不贪无廉名，不争无让字 80
勿欲人感恩，当为人除害 81
君子如介石，小人如脂膏 81
遇事须镇定，待人无欺隐 82
多匿采韬光，常逊美公善 82
人而皆好名，开诈善之门 83
须防绵里针，宜远刀头蜜 84
持身涉世时，勿随境而迁 84
受人毁增美，受人欺为福 85
骄人有侠气，欺世无真心 86
廉官多无后，痴人每多福 86

失血于杯中，笑猩猩嗜酒 87
至人常虚无，盛德多不矜 87
人心不可偏，心偏有为无 88
栽花少栽刺，积书少积货 88
大聪明之人，小事必朦胧 89
众人忧乐情，君子忧乐理 89
盖悔愧二字，能去恶迁善 90
路窄留人行，味浓让人食 91
宠利毋居前，德业毋落后 91
处世让一步，待人宽一分 92
美名不独任，污名不全推 92
处治世宜方，处乱世当圆 93
念过而忘功，记恩而忘怨 93
为恶畏人知，恶中犹有善 94
只逆来顺受，且居安思危 94
宁守默毋躁，宁守拙毋巧 95
不责人小过，不发人阴私 95
直节使人忌，无恶致人毁 96
毋偏信自任，毋炫耀忌能 96
且莫轻输心，应须谨防口 97
戒疏于虑者，警伤于察者 97
毋私小伤大，毋借公快私 98
亲善不预扬，去恶不先发 98
功过不可混，恩仇勿太明 99
恶显者祸浅，善显者功小 99
贫不能济物，出言亦助人 100
作人须真恳，涉世须圆活 100
恩自淡而浓，威自严而宽 101
休与小人仇，休向君子媚 101
用人不宜刻，交友不宜滥 102
朴鲁胜练达，疏狂胜曲谨 102
风斜雨急处，要立得脚定 103
受一时寂寞，毋万古凄凉 103
当藏巧于拙，须寓清于浊 104

经世篇

启人因其明，移风因其易 106
随时善救时，混俗能脱俗 106
世事力担当，又要善摆脱 107
思林下风味，权势念自轻 107
因势利导之，救时应变法 108
救败慎策鞭，图成不停棹 108
如沤生大海，如影灭长空 109
不贪钓下饵，能解笼中囮 110
志士勇奋翼，达人早回头 110
少壮当用意，衰老宜忘情 111
饮酒莫酩酊，看花勿离披 111
以势利害人，以势利自毙 112
知处阴敛翼，巉岩亦坦途 113
矜消盖世功，改补弥天过 113
居轩冕之中，有山林之气 114
无过便是功，无怨便是德 114
事穷原初心，功成观末路 115
富贵宜宽厚，聪明宜敛藏 115
退一步之法，让三分之功 116
待小人不恶，待君子有礼 116

读书见圣贤，居官爱子民 117
祸起于玩忽，功败于细微 117
君子立好言，君子行好事 118
愿种德施惠，勿贪权市宠 118
敦旧扶公议，谨庸种阴德 119
不犯公正论，不走权门窦 120
当锄奸杜幸，须留他去路 120
事业随身毁，精神万古新 121
谢世于盛时，居身于独后 121
建功多虚圆，失机必执拗 122
畏大无逸心，畏小无横名 122
径路窄退步，滋味短清淡 123
进步思退步，着手图放手 123
世态倏忽变，不宜认太真 124
近势利不染，知智巧不用 124
燠趋寒则弃，人情之通患 125
闻牧唱樵歌，述嘉言懿行 125
人奉不必喜，人侮不须怒 126
无事宜寂寂，有事宜惺惺 126
谗夫之毁士，如寸云蔽日 127
盈满勿再加，危急勿再搦 127
居官人难见，居乡人易见 128
中材多猜疑，事事难下手 128
伏久飞必高，开先谢必早 129
造物之钓饵，人世之机阱 129
事起则害生，以无事为福 130
爵不笼无欲，鼎不加远引 130
争高得还失，忙过寿亦夭 131
高车嫌地僻，驷马喜门高 132
勿趋炎附势，甘栖适守逸 132
林中无荣辱，义路泯炎凉 132
意气期天下，肝胆照天下 133
济饥饿之人，胜结纳贤豪 133
先达笑弹冠，相知犹按剑 134
业不必求满，功不必求盈 134
不为君相笼，不受造化铸 135
修行木石念，经邦云水趣 136
志以淡泊明，节从肥甘丧 136
能察能不察，能胜能不胜 137
入世悉世外，出世先谙世 138

治家篇

养子如养女，最要谨慎严 140
融性情偏私，消家庭嫌隙 140
悠闲镇定士，宽洪长厚家 141
家庭有真佛，日用有真道 141
念积累之难，思倾覆之易 142
警家人之过，如春风解冻 143
处骨肉从容，遇朋友剀切 143
父慈与子孝，俱合当如是 144
富贵更炎凉，骨肉尤妒忌 145
居官惟公廉，居家惟恕俭 145
当穷愁寥落，不可自废弛 146
寒微之颂德，骨肉之孚心 146
饮宴之乐多，不是好人家 147
看破与认真，脱缠负重任 147

养喜神招福，去杀机远祸 148
过俭为鄙吝，过让为曲礼 148
心宽舒福厚，念迫促泽短 149
除热恼身清，遣穷愁心乐 150
少事之为福，多心之为祸 150
富贵嗜欲猛，宜带清冷气 151
念虑差毫末，人品星渊别 151
耳闻逆耳言，心有拂心事 152
天地有和气，人心有喜神 153
清冷受享薄，和暖福泽厚 153
念头存宽厚，春风育万物 154
寒灯敝裘下，不失本来真 154
肯休当下休，觅了无了时 155
热闹出冷言，寒微用热心 155
无事常提防，有事须镇定 156
少年抑躁心，老成振惰气 156
柔弱胜刚强，圆融胜偏执 157
福来不必喜，祸来不必忧 157
贫贱难用情，富贵难好礼 158
瑰奇多惹祸，寻常享民福 158
眼前田地宽，身后惠泽长 159
富贵知贫贱，少壮念衰老 160
爱重反为仇，薄极反成喜 160
耳不留是非，心不着物我 161
忧勤与淡泊，勿太苦与枯 161
燥寡凝滞者，功业福祉难 162

出世篇

看个色身破，认个法身真 164
万物原一辙，万物本一体 164
人精爽通天，天威命寓人 165
俗情须摆脱，物累应减除 166
君子居常好，不浓亦不枯 166
事来心始现，事去心随空 167
机里又藏机，智巧何足恃 168
知心体莹然，不失人本来 168
会得个中趣，破得眼前机 169
肃杀存生意，可见天地心 169
世事如棋局，不着是高手 170
昂藏老鹤饥，饮啄态犹闲 170
识造化幻境，觅人物根宗 171
静处观人事，闲中玩物情 172
看破有尽身，悟入无怀境 173
人之有生也，如太仓粒米 173
觑鹬蚌兔犬，令人猛气消 174
苦乐无二境，迷悟非两心 175
物物见天心，时时观妙道 175
扫地白云起，才着便起障 176
莫受造化戏，天地任我锤 176
若非上上智，便无了了心 177
视富贵浮云，不必岩穴栖 177
不为法空缠，身心两自在 178
机闲一日遥，意宽斗室广 178
矜名输逃名，练事输省事 179
去留无所系，静躁不相干 179
盖心无染着，欲境是仙都 180

若静躁稍分，则昏明顿异 180
身常放闲处，不受荣辱遣 181
我不希荣贵，何忧利禄饵 181
多藏亡则厚，高步颠则疾 182
知身不是我，烦恼更何侵 182
猛兽易伏也，人心难降哉 183
心地无风涛，随在皆青山 183
当年歌舞地，今败砌荒台 184
飞蛾投夜烛，鸱鸮嗜腐鼠 184
冷观观世人，冷情当世事 185
徇绝欲俱苦，听吾自修持 185
好名利不殊，焦声思无异 186
性天须澄澈，心地勿沉迷 187
人心有真境，忘虑得以游 187
俗眼观世异，道眼观世常 188
缠脱在自心，心了见真境 189
以我转物者，大地尽逍遥 189
思生前死后，超物游象先 190
歌残妍丑消，棋尽雌雄空 191
一身了一身，天下还天下 191
人生是傀儡，要把柄在手 192
造化与人心，混合无间也 192
山居胸次清，触物皆佳思 193
不落世情窠，在世出世法 194
静中念澄澈，见心之真体 194
鱼得水忘水，识此超物累 195
识天地鸣佩，见乾坤妙文 195
得喧见寂趣，悟有入无机 196
固浓不胜淡，俗不如雅也 196
得诗家真趣，悟禅教玄机 197
释氏之随缘，吾儒之素位 197
任幻形凋谢，识本性真如 198

养生篇

爽口味五分，快心事五分 200
知有生之乐，怀虚生之忧 200
悉利害之情，绝利害之虑 201
只和气浑然，是居身之宝 201
忙里要偷闲，闲中要取静 202
雨余观山色，夜静听钟声 202
昼闲听鸟语，夜静看云舒 203
醉倒落花前，天地为衾枕 203
拂意事休言，会心处独赏 204
土床石枕冷，拥衾梦魂爽 204
扫浓淡之见，灭欣厌之情 205
富贵死负重，贫贱死释重 205
识疏狂足贵，知淡泊为真 206
觉鹏程窄小，知鹤梦悠闲 206
观翠红青白，得诗料禅机 206
空拳握古今，握住当放手 207
疑好事皆虚，信闲人是福 207
世事勿扼腕，人生且舒眉 208
霜天闻鹤唳，雪夜听鸡鸣 208
烹茗听瓶声，炉内识阴阳 209
园圃看蜂忙，觑尘情世态 209
会心不在远，得趣不在多 210

心与竹俱空，是非不著脚 210
养志于清修，栖心于淡泊 211
拥飞花落絮，坐锦绣团裀 211
想屈原激烈，会陶潜风流 212
黄鸟呼醉客，白云媚幽人 212
栖蓬神情旷，结翁意念真 212
曰尘世苦海，彼心自尘苦 213
高形逸神劳，下形劳神逸 213
奢者富不足，俭者贫有余 214
无名位乐真，无饥寒忧甚 214
勿争长竞短，勿较雌论雄 215
常忧死虑病，可消幻长道 215
贪得者乞丐，知足者王公 216
杯中吟风月，躲万丈红尘 216
闲看花开落，漫随云卷舒 217
羡山林之乐，未必得林趣 217
花茂谷艳幻，木落崖枯真 218
岁月本来长，而忙者自促 218
心中无物欲，座中有琴书 219
达撒手悬崖，俗沉身苦海 219
乐栽花种竹，烦恼还乌有 220
松涧边独行，竹窗下高卧 220

修身篇

烈火炼真金，成事须用功

欲做精金美玉[1]的人品，定从烈火中锻来；思立掀天揭地[2]的事功，须向薄冰上履过[3]。

[1] 精金美玉：用真金美玉比喻良好的人品或物性。

[2] 掀天揭地：惊天动地，翻天覆地，形容事业的宏大重要。

[3] 向薄冰上履过：在《诗经·小雅·小旻》中有“如临深渊，如履薄冰”之句，用在这里形容想做一番大事业，就需要时刻小心，谨言慎行。履过：走过，踩过。

【译文】

想成为拥有优良品德的人，那就要像真金不怕火炼一样，经受种种艰难困苦的磨练；想建一番惊天动地的功业，那就要像每天走在薄冰上一样，战战兢兢，时刻小心。

一念错皆错，万善全方全

一念错，便觉百行皆非，防之当如渡海浮囊[1]，勿容一针之罅漏[2]；万善全，始得一生无愧，修之当如凌云宝树[3]，须假众木以撑持[4]。

[1] 渡海浮囊：浮水用的皮囊，多用牛皮或者羊皮制成。充满气后，扎紧气囊口，人带着它可以渡河过江。《神机制敌太白阴经·济水具》中有记载：“浮囊以浑脱羊皮吹气令满，紧缚其孔，缚于肋下，可以渡也。”

[2] 罅：裂缝。

[3] 凌云宝树：宝树，佛教用语，在《法华经·如来寿量品》中有“宝树无花果，众生所游乐”之句。凌云，谓高入云霄，极言其高。

[4] 假：凭借，依靠。

【译文】

一个念头错了，便觉得几乎所有行为都不正确了。所以要提高警惕，谨防一念之差。对于差错的提防，就好比对待渡河用的皮囊，不允许有一个针眼大的裂缝。各种各样的好事都去做，才能无愧于此生。就像那西方佛地的宝树靠众多树木扶持一样，修身也需要人们多多积累善行。

闲中消忙错，静时息非心

忙处事为[1]，常向闲中先检点，过举[2]自稀[3]；动时念想，预从静里密操持，非心自息。

[1] 事为：行为，举动。

[2] 过举：不正确、不恰当的言行举止。

[3] 稀：减少。

【译文】

在忙碌时做事情，常常在空闲时先检查反省，这样错误的行为自然会减少。行动中产生的想法，预先在安静时仔细考虑，不良的想法自然会消失。

扫事境尘氛，忘心境芥蒂

能轻富贵，不能轻一轻富贵之心；能重名义，又复重一重名义之念。是事境之尘氛[1]未扫，而心境之芥蒂[2]未忘。此处拔除不净，恐石去而草复生矣。

[1] 尘氛：灰尘烟雾，俗世的气氛。

[2] 芥蒂：细小的梗塞物，用在这里比喻妨碍人修身正心的念头想法。

【译文】

能够轻视富贵，却不能够放下轻视富贵的念头；能够重视名誉节义，却又过于强调重视名誉与节义。这样的情况说明人在为人处事时，还没有完全摆脱世俗各种欲念的影响，内心依然存在世俗种种欲念。这些欲念如果没有被清除干净，恐怕会像石头下的草，当石头移开时，草又会生长起来。

不忍伤残念，不为贪冒心

一点不忍[1]的念头，是生民生物之根芽；一段不为[2]的气节，是撑天撑地之柱石。故君子于一虫一蚁，不忍伤残，一缕一丝，勿容贪冒[3]，便可为民物立命，为天地立心矣。

[1] 不忍：不忍心。

[2] 不为：不做。

[3] 贪冒：贪图财物，“冒”用在这里与“贪”同义。

【译文】

一点慈悲恻隐之心，是使民众生存、万物生长的基础；一种“君子有所不为”的风骨节操，是支撑天地的柱石。所以即使是一条虫、一只蚂蚁那样小的生物，君子也不忍心伤害它们；一丝一线的财物，君子都不会贪为己有。这样就可以使民众安乐生活，使万物顺利生长，在天地间树立一种精神，使民众与万物顺应自然规律而生存。

拨开世尘氛，消却心鄙吝

拨开世上尘氛，胸中自无火炎[1]冰兢[2]；消却心中鄙吝[3]，眼前时有月到风来。

[1] 火炎：炎热，这里喻指亲热的攀附。

[2] 冰兢：冰冷谨慎。在《诗经·小雅·小旻》中有“战战兢兢，如临深渊，如履薄冰”，兢有谨慎惊惧的意思。

[3] 鄙吝：鄙俗，心胸不开阔。

【译文】

不受人世间各种各样杂念的影响，心中自然没有炎凉惊惧的感觉。消除心中的卑鄙庸俗，开阔心胸，便能眼前常见明月，时感清风吹来。

扫去面上甲，涤除胸中尘

面上扫开十层甲[1]，眉目才无可憎；胸中涤去数斗尘[2]，语言方觉有味。

[1] 甲：指质地坚硬的壳，用在这里比喻人虚伪，用假面具伪装自己。

[2] 尘：灰尘，这里比喻尘世种种不良欲念。

【译文】

剥开脸上的层层伪装，露出真面目，这时面貌才不让人讨厌；清除掉心中沾染的各种俗世邪念歪思，话语才会让人觉得真诚有趣。

日欺人夜愧，少失志老悲

白日欺人，难逃清夜之愧赧[1]；红颜[2]失志，空贻[3]皓首[4]之悲伤。

[1] 愧赧：羞愧脸红。

[2] 红颜：比喻少年。

[3] 贻：留下。

[4] 皓首：白头，指老年。

【译文】

白天欺骗了别人，难以逃脱夜深人静独处的时候必然产生的羞愧之感；年少的时候没有立下奋斗的志向，到年老的时候就会因无所成就而悲伤。

养性即立命，尽人自回天

执拗[1]者福轻，而圆融[2]之人其禄必厚；操切[3]者寿夭[4]，而宽厚之士其年必长。故君子不言命，养性即所以立命；亦不言天，尽人自可以回天。

[1] 执拗：固执。

[2] 圆融：不偏执，圆通。

[3] 操切：急躁，做事时急躁严厉。

[4] 寿夭：短命，寿命不长。夭：夭折，没有成年就死去了。

【译文】

性格过于偏执任性的人福气少，性格圆通不固执的人福禄多；性格急躁严厉的人寿命短，性格宽厚温和的人寿命必然长。所以君子不说命，修身养性就是立命；君子也不谈论天，做好自己责任内的事情，就可以挽回天命。

得意处水月，拂意时火莲

得意处论地谈天，俱是水底捞月；拂意[1]时吞冰啮雪，才为火内栽莲[2]。

[1] 拂意：不顺心，不顺意。

[2] 火内栽莲：烈火中种莲花，比喻身体虽然受烈火锤炼，却依然能坚持自我。

【译文】

得意的时候谈天说地，都如水底捞月般虚幻不真实；在不顺自己心意的逆境中吃冰咽雪，经受这样的艰苦锤炼，才能如烈火中莲花一般真实可贵。

君子明心事，君子韬才华

君子之心事，天青日白[1]，不可使人不知；君子之才华，玉韫珠藏[2]，不可使人易知。

[1] 天青日白：青天白日，比喻君子心胸坦荡。

[2] 玉韫珠藏：像收藏珠玉宝物那样收藏才华。韫，馆藏。

【译文】

君子的心事，就如青天白日那样坦荡明朗，要让别人知道自己的心事；君子的才华，应像珍藏珠玉宝物那样，不能轻易让别人知晓。

真味只是淡，至人只是常

酞[1]肥[2]辛甘非真味，真味只是淡；神奇卓异非至人[3]，至人只是常。

[1] 酞（nóng）：美酒，这里指酒味醇厚。

[2] 肥：肥美的食物。

[3] 至人：道德修养达到完善境界的人。

【译文】

醇厚的美酒、肥美的食物、辛辣与甘甜的食品，这些都不是真正的美味，人世间真正的美味是清淡的；言行举止怪异的人，不是真正有德行的人，真正有德行的人表现与平常人一样。

正气还天地，清名在乾坤

宁守浑噩[1]而黜[2]聪明，留些正气还天地；宁谢[3]纷华而甘淡泊，遗个清名[4]在乾坤。

[1] 浑噩：浑厚朴实。

[2] 黜：抛弃。

[3] 谢：推辞，不要。

[4] 清名：好名声。

【译文】

宁可保持着浑厚纯朴的天性而抛弃奸诈虚伪心机，留下一些正气给天地；宁可远离繁华而甘于淡泊，留下清白的名声在天地之间。

人人大慈悲，处处真趣味

人人有个大慈悲[1]，维摩[2]屠刽[3]无二心也；处处有种真趣味，金屋[4]茅檐[5]非两地也。只是欲闭情封，当面错过，便咫尺千里矣。

[1] 大慈悲：佛家语，给他人带来快乐叫慈，为他人消除痛苦叫悲。

[2] 维摩：维摩诘的简称，菩萨名。

[3] 屠侩：屠夫，刽子手。

[4] 金屋：华丽的屋子。

[5] 茅檐：茅草屋。

【译文】

每一个人都有慈悲之心，就这一点来说，大慈大悲的维摩诘菩萨与屠夫刽子手是没有分别的。到处都有生活情趣，就此而言，华丽的房屋与简陋的茅草屋也没有什么分别。只是由于人心常被各种欲念情感封闭，因此与慈悲、真趣味只在咫尺之间，却当面错过，远隔千里了。

无得罪昭昭，无得罪冥冥

肝受病则目不能视，肾受病则耳不能听。病受于人所不见，必发于人所共见。故君子欲无得罪于昭昭[1]，必先无得罪于冥冥[2]。

[1] 昭昭：明亮可见。

[2] 冥冥：昏暗不清楚。

【译文】

人的肝脏有了病，眼睛就会看不清东西，肾脏有了病，耳朵就会听不清楚声音。疾病生在人看不见的地方，而在人都能看得见的地方发作。因此君子想要在大家都能看得见的地方不犯错误，首先在人看不见的地方端正自己的言行。

苦心常悦心，得意生失意

苦心[1]中常得悦心[2]之趣，得意时便生失意之悲。

[1] 苦心：伤心痛苦。

[2] 悦心：心情愉悦。

【译文】

伤心痛苦的时候，要保持快乐喜悦的趣味，使自己身心愉悦。一切顺利的时候，要想到失意遇挫时的痛苦悲伤，使自己心境平和。

真廉无廉名，大巧无巧术

真廉无廉[1]名，立名者正所以为贪；大巧[2]无巧术，用术者乃所以为拙。

[1] 廉：廉洁。

[2] 大巧：大智慧。

【译文】

一个真正廉洁的人没有廉洁的名声，为自己树立廉洁名声的人，正是贪图廉洁的名声才这样做；真正有大智慧的人不会卖弄小聪明，那些玩弄小伎俩、要小聪明的人，其实是为了掩饰他们的笨拙无知。

天理路上宽，人欲路上窄

天理[1]路上甚宽，稍游心[2]，胸中使觉广大宏朗；人欲[3]路上甚窄，才寄迹[4]，眼前俱是荆棘泥涂[5]。

[1] 天理：自然法则。

[2] 游心：动心。

[3] 人欲：人的欲望。

[4] 寄迹：涉足，踏入。

[5] 荆棘泥涂：荆棘阻塞道路，泥泞的道路难以行走，形容道路难走。

【译文】

真理大道十分宽广，只要人们能在这上面稍微用些心思，就会觉得心胸开阔、光明敞亮。欲望之路十分狭窄，人刚踏出一步，就会觉得面前都是荆棘与泥泞，简直是寸步难行。

一起欲便觉，一觉便转念

念头起处[1]，才觉向欲路上去，便挽[2]从理路上来；一起便觉，一觉便转，此是转祸为福、起死回生的关头，切莫轻易错过。

[1] 念头起处：念头产生的地方。

[2] 挽：拉。

【译文】

当心中念头产生时，只要一察觉这念头是走向欲望之路的，就立刻把这念头拉回正道上来。欲念刚一产生就立刻发觉，一发觉就立刻把念头转到正路上来，这是把祸害变为福气、起死回生的关键时刻，万万不可轻易错过。

天命又如何，人定能胜天

天薄[1]我以福，吾厚吾德以迓之[2]；天劳我以形，吾逸[3]吾心以补之；天厄[4]我以遇，吾亨吾道以通之。天且奈我何哉！

[1] 薄：减少。

[2] 迓之：迎接它。迓，迎接的意思。

[3] 逸：放松，安闲。

[4] 厄：困厄，压抑。

【译文】

如果上天给我的福分很少，那么我就多做好事、积善行德，以此来对待命运；如果上天使我的身体劳累，那么我就使我的心灵保持清闲安逸，以此来弥补我身体上的困乏；如果上天用困苦折磨我、使我不能得到很好发展，那么我开辟一条道路走出困境。如果我能这样做，上天又能拿我怎么样呢?

天之机权神，人之智巧拙

贞士[1]无心徼福[2]，天即就无心处牖[3]其衷[4]；险人[5]著意避祸，天即就著意处夺其魄。可见天之机权[6]最神，人之智巧何益！

[1] 贞士：有坚定气节的人。

[2] 徼福：祈福。徼，同“邀”。《左传·僖公》中说：“君惠徼福于敝邑之社稷，辱收寡君。”

[3] 牖：开启，诱导。

[4] 衷：衷心。

[5] 险人：奸险邪恶行为不正的小人。险，邪佞。

[6] 机权：灵活变化。机，灵巧。权，变通。

【译文】

一个有气节的君子，虽然没有想为自己祈求福祉，但是老天却在他不留心的地方启发他完成自己的事业，使他获得福分；一个奸诈邪恶的人，虽然费尽心机想逃避灾祸，但是老天却在他巧用心机时夺走他的魂魄，使他遭受灾害。由此可见，上天的灵活变化最神奇，人的平凡智慧怎么能比得上呢！

人看后半截，晚节不可丧

声妓[1]晚景从良[2]，一世之烟花[3]无碍；贞妇白头失守，半生之清苦俱非。语云："看人只看后半截。"真名言也。

[1] 声妓：本指古代官廷贵族家中蓄养的歌舞女，此处指妓女。

[2] 从良：古代妓女隶属于乐籍，从良就是脱离乐户嫁人。

[3] 烟花：代指妓女，此处指妓女生涯。

【译文】

妓女以卖笑为生，如果到了晚年能够脱离卖笑生活，从良嫁人，那么她从前的妓女生涯也就不是大过错了；一个贞洁的妇人，到了晚年失去贞洁，那么她大半辈子坚守贞操、吃苦守寡的辛苦也就白费了。俗话说："评论一个人的品行，关键是看他能不能守住晚节。"这真是一句至理名言啊。

君子而诈善，无异恶小人

君子而诈善[1]，无异小人之肆恶[2]；君子而改节[3]，不若小人之自新。

[1] 诈善：伪善，虚伪，不是真正的善行。

[2] 肆恶：肆，放肆，毫无顾忌。肆恶就是肆意作恶。

[3] 改节：改变节操。

【译文】

假装善良的伪君子，与毫无顾忌、随心所欲、为非作歹的小人是没有什么区别的；正人君子改变自己的高远志向与良好品行，那他还不如一个能悔过自新的小人。

心常看圆满，世界无缺陷

此心常看得圆满，天下自无缺陷之世界；此心常放得宽平，天下自无险侧[1]之人情。

[1] 险侧：阴险诡诈。

【译文】

自己的内心常保持平和圆满，这个世界也就是一个没有缺陷的世界；自己的内心常保持平和豁达，这个世界也就是一个没有阴险诡诈的世界。

不变其操履，不露其锋芒

淡薄[1]之士，必为浓艳者[2]所疑；检饬[3]之人，多为放肆者所忌。君子处此，固不可少变其操履[4]，亦不可太露其锋芒[5]。

[1] 淡薄：清静不争。也作“淡泊”

[2] 浓艳者：热衷荣华富贵权势名利的人。

[3] 检饬：谨慎检点，自我约束。

[4] 操履：操守与行动。操，操行，履，实践行动。

[5] 锋芒：刀剑的尖端，比喻人的才华和锐气。

【译文】

一个淡泊宁静的人，必然会受到那些追求名利的人猜疑；一个言行谨慎自律的人，经常会被放肆的小人所猜忌。有德行的君子面对这种情况，固然不可以使自己的德行有丝毫改变，同时也不可以过于表现自己的才华和锐气。

真心感天地，精诚贯金石

人心一真，便霜可飞[1]、城可陨[2]、金石可贯[3]。若伪妄[4]之人，形骸徒具，真宰[5]已亡；对人则面目可憎，独居则形影自愧。

[1] 霜可飞：本意是天降霜，用在这里比喻人的真诚感动上天，使不可能的事变为可能，在不可能下霜的夏天却下霜。

[2] 城可陨：本意是城墙可以拆毁崩塌，用在这里比喻人的真诚可以感动上天使城墙崩塌。

[3] 贯：贯穿，通过。

[4] 伪妄：虚伪。

[5] 真宰：人的真正主宰，指灵魂。

【译文】

人的心保持真诚纯朴，便可以感天动地，使不可能的事都变为可能，能使夏天下霜，能使城墙倒塌，能贯穿金石。如果是一个虚伪奸诈的人，则空有躯壳，身体的真正主宰灵魂已经失去；与别人相处时令人厌恶，自己独处时也不禁暗自惭愧。

心体如天体，流转勿凝滞

霁[1]日青天，倏[2]变为迅雷震电；疾风怒雨，倏转为朗月晴空。气机[3]何尝一毫凝滞[4]，太虚[5]何尝一毫障蔽，人之心体亦当如是。

[1] 霁：雨后天转晴。

[2] 倏：突然，形容速度非常快。

[3] 气机：气，构成世界万物的本原物质。机，使世界万物运动变化的力量。气机在这里指大自然。

[4] 凝滞：停止不动。

[5] 太虚：辽阔的天空。孙绰《游天台山赋》中有“太虚辽阔而无阂”之句。

【译文】

风和日丽的好天气，会突然变成电闪雷鸣的恶劣天气；狂风暴雨的恶劣天气，会突然变成明月晴空的好天气。可见大自然从不停止运动变化，天体的运行也不会受到丝毫阻碍。人的心也要像大自然一样，一刻不停地变化发展，而不为外物阻碍停滞不前。

暗室培节义，履冰操经纶

青天白日的节义[1]，自暗室屋漏[2]中培来；旋乾转坤的经纶[3]，从临深履薄[4]中操出。

[1] 节义：节操。

[2] 暗室漏屋：指隐僻的别人看不到的地方。

[3] 经纶：筹划治理国家大事的才能。

[4] 临深履薄：即“如临深渊，如履薄冰”，比喻做事非常谨慎小心。

【译文】

光明坦荡的节操，是在别人看不到的地方培养出来的；扭转乾坤、治理国家的才能，是在时时刻刻谨慎小心的磨炼中积累起来的。

德者才之主，才者德之奴

德者才之主，才者德之奴。有才无德，如家无主而奴用事[1]矣，几何不魍魉[2]猖狂[3]。

[1] 用事：管事，处理事情。

[2] 魍魉：传说中的一种鬼怪。

[3] 猖狂：肆无忌惮，放肆。

【译文】

一个人的品德是他才干的主人，一个人的才干是他品德的奴仆。有才干却没有德行，就好比一个家庭中没有主人而让奴仆当家管事，这样哪能不让家庭受到祸害呢。

德者事业基，心者修行根

德者事业之基[1]，未有基不固而栋宇坚久者；心者修行[2]之根，未有根不植而枝叶荣茂者。

[1] 基：基础，根基。《诗经·小雅》：“乐只君子，邦家之基。”

[2] 修行：修养身心，实践行动。

【译文】

道德是事业的基础，就如房子的基础没有打好房子不会坚固一样，假如没有良好的品德事业也不会长久。心性是修行的根基，就像没有根的植物不能长得茂盛一样，心性不正就不可能修行得道。

勤者敏德义，世人济其贫

勤者敏[1]于德义，而世人借勤以济其贫；俭者淡于货利，而世人假[2]俭以饰[3]其吝。君子持身之符[4]，反为小人营私之具矣，惜哉！

[1] 敏：勤敏，勤奋的意思。

[2] 假：假借。

[3] 饰：掩饰。

[4] 符：法则、原则。

【译文】

勤奋的人应当在品德修养上多下工夫，可是有些人却把勤奋用在解决自己的贫困上；勤俭节约的人不看重财物利益，可是有些人却以勤俭节约为名来掩饰自己的吝啬。君子处世的原则标准却成了小人谋私利的工具，真可惜啊！

为鼠常留饭，怜蛾纱罩灯

为鼠常留饭，怜蛾纱罩灯。古人此点念头，是吾人一点生生之机[1]，无此即所谓土木形骸[2]而已。

[1] 生生之机：生生，繁衍不息的意思。机，事物发生的枢纽。

[2] 土木形骸：像泥土与木头一样的身体，比喻只有躯壳，没有灵魂。

【译文】

因为怕老鼠饿死，所以经常留一点剩饭给老鼠吃；因为怕灯火烧死喜欢扑火的飞蛾，所以夜晚用纱把灯给罩起来。古人的这种慈悲之心、仁慈之念，是人类繁衍不息的生机。没有这点仁慈之心，人也就只剩下没有灵魂的躯壳，与泥雕木偶相差不多了。

定云止水中，有鱼跃鸢飞

好动者云电风灯[1]，嗜寂者[2]死灰槁木[3]。须定云止水[4]中，有鱼跃鸢[5]飞气象，才是有道的心体[6]。

[1] 云电风灯：云、电、风、灯都是不稳定、短暂容易变化的事物。

[2] 嗜寂者：嗜好寂静的人。

[3] 死灰槁木：死灰，是指火彻底熄灭后剩下的灰烬。槁木，指枯树。死灰槁木用在这里比喻丧失生机。在《庄子·齐物论》中有："形固可使如槁木，而心固可使如死灰乎？"

[4] 定云止水：定云，停止不动的云。止水，不流动的水。

[5] 鸢：形状如鹰。

[6] 心体：本体，古时有以心为思想主体的理论。

【译文】

好动的人就好比云彩、闪电、大风、灯火，飘忽不定、变化多端而又短暂易逝。过分喜欢清静的人，好比没有生机的死灰与枯木。过于好动与过于喜欢清静，都不是理想的人生态度。能在天空缓缓移动的云彩与寂静的水面中，看到飞翔的鸢与跳跃的鱼，这才是理想的人生境界。

居卑知高危，处晦知明露

居卑[1]而后知登高之为危，处晦[2]而后知向明之太露；守静而后知好动之过劳，养默[3]而后知多言之为躁[4]。

[1] 居卑：处在位置低的地方。

[2] 处晦：处在昏暗的地方。

[3] 养默：不多说话，沉默寡言。

[4] 躁：不冷静，性急。

【译文】

处在位置低的地方向高处看，才知道攀登到高的地方非常危险。待在昏暗的地方，才知道处在光亮的地方太刺眼。保持清静无为，才知道好动使人非常劳累。不多说话才知道多说话是急躁的表现。

吉人多和气，凶人多杀机

吉人[1]无论作用安详[2]，即梦寐神魂[3]，无非和气；凶人无论行事狠戾，即声音笑貌，浑是杀机[4]。

[1] 吉人：善良的人。

[2] 作用安详：言行举止大方从容。

[3] 梦寐神魂：睡梦中的神情样子。

[4] 杀机：杀人的念头。

【译文】

善良的人，言行举止都是和气镇定的样子，即使在睡梦中也洋溢着吉祥和气；凶恶的人，无论做什么事情都凶狠毒辣，甚至声音与笑脸，都洋溢着杀气。

与人相观治，一方便法门

人之际遇[1]，有齐有不齐[2]，而能使己独齐乎？己之情理[3]，有顺有不顺，而能使人皆顺乎？以此相观对治[4]，亦是一方便法门[5]。

[1] 际遇：遭遇，机会。

[2] 齐：相等，齐平。

[3] 情理：情绪与思虑，人的精神状态。

[4] 相观对治：相互参照修正。

[5] 方便法门：佛家语，方便是以灵活方式教人，使其领悟佛法真义。法门，指领悟佛法的通道。

【译文】

每个人的遭遇各有不同，有的人遇到好机会，有的人没有遇到好机会，人怎么能要求自己一定要遇到好机会呢？人的情绪有时好有时坏，人怎么能要求自己事事顺心呢？对照着别人的境遇来思考自己的问题，这也是领悟人生道理、提高自身修养的一个好方法。

吾身小天地，天地大父母

吾身一小天地也，使喜怒不愆[1]，好恶有则，便是燮理[2]的功夫；天地一大父母也，使民无怨咨[3]，物无氛疹[4]，亦是敦睦的气象。

[1] 愆：罪过，过失。

[2] 燮理：调理，协和治理。

[3] 怨咨：怨恨嗟叹。

[4] 氛疹：凶恶之气与各种恶疾。

【译文】

我们的身体就是一个小世界，能够使自己无论高兴与愤怒都坚持不犯错误，喜欢与憎恶都有一定的准则，这就是协和调理的功夫；天地是人类的父母，能够使人们没有牢骚抱怨的生活，使万物不受各种灾害迫害而顺利生长，这是天地造物的恩德，也是天地间一片和谐的景象。

去混心自清，去苦乐自存

水不波[1]则自定，鉴[2]不翳[3]则自明。故心无可清，去其混之者而清自现；乐不必寻，去其苦之者而乐自存。

[1] 波：波动。

[2] 鉴：镜子。

[3] 翳：遮蔽，遮挡。

【译文】

水面没有被风吹起波浪自然平静，镜子没有被灰尘遮盖自然明亮。所以人的心灵没有必要去刻意清洗，驱除心中杂念与邪念，心灵自然平静清明；人也没有必要去刻意寻找快乐，驱除心中烦躁，那么自然会感觉到幸福快乐。

心虚则性现，意净则心清

心虚[1]则性现，不息心而求见性[2]，如拨[3]波觅月；意净则心清，不了意而求明心，如索镜增尘。

[1] 心虚：指心无杂念，心地干净。

[2] 性：本性。

[3] 拨：拨动。

【译文】

心中没有杂念，人的本性就会显现出来，不使自己内心保持平静却想发现人的本性，那就如拨动水波去捞取月亮一般，只落得一场空；意念保持澄净清明，心灵才能澄净清明，假如不能了解存在的意念而想使内心澄净清明，那就像在落满了灰尘的镜子上又增添了一层灰尘。

节义济和衷，功名承谦德

节义[1]之人，济[2]以和衷[3]，才不启忿争[4]之路；功名之士承以谦德，方不开嫉妒之门。

[1] 节义：节操义气。

[2] 济：增加，增补。

[3] 和衷：和睦同心。

[4] 忿争：愤怒争执。

【译文】

一个有节操的人，看问题容易偏激，增加一些温和的想法与态度调剂，这样才不会和别人无谓地愤怒争斗；取得功名、事业有所成就的人，要保持谦虚的美德，这样才不会引起别人的嫉妒。

有意者反远，无心者自近

禅宗[1]曰："饥来吃饭倦来眠[2]。"诗旨曰："眼前景致口头语。"盖极高寓于极平，至难出于至易；有意者反远，无心者自近也。

[1] 禅宗：佛教的一个宗派。

[2] 饥来吃饭倦来眠：王阳明有诗曰："饥来吃饭倦来眠，只此修去玄更玄，说与世人浑不信，却由身外觅神仙。"

【译文】

禅宗有一句话说："感觉到饿了就吃饭，感觉到困了就睡觉。"作诗的要领是："运用通俗易懂的口头语，写眼前的景致。"因为世界上高深的道理，存在于平凡的事物中。最难懂的理论，存在于最简单易懂的道理中。刻意去寻觅真理，反而离真理更远了，没有刻意寻觅真理，顺其自然反而得到真理。

念随起随灭，与太虚同体

心体[1]便是天体[2]，一念之喜，景星庆云[3]；一念之怒，震雷暴雨；一念之慈，和风甘露；一念之严，烈日秋霜。何者所感，只要随起随灭；廓然[4]无碍，便与太虚[5]同体。

[1] 心体：精神与肉体，这里指思想。在中国古代哲学中，所有精神、知识、智慧，感情、意志等都被看成是心的抽象活动中的部分。

[2] 天体：宇宙中恒星、行星、卫星、彗星、宇宙尘、流星、星云等的总称，这里可解释成宇宙精神的本原。

[3] 景星庆云：代表吉祥的星与云。在《汉书·礼乐志》中有："甘露降，庆云出。" 在《瑞应图》中有："甘露，美露也，神灵之精，仁瑞之泽，其凝如脂，其甘如饴。"

[4] 廓然：辽阔广大。

[5] 太虚：天，天空，泛指天地。

【译文】

人类的心体变化与天体相似，人的心体有喜悦的念头，就好比天空有吉祥喜庆的星星与云彩；人的心体有生气愤怒的念头，就好比大自然有响雷暴雨；人的心体有了慈悲的念头，就好比大自然有和风甘露；人的心体有了严厉的念头，就好比大自然有烈日秋霜。人有喜怒哀乐、慈悲邪恶的变化，自然有星云雷雨的变化，这些都不可缺少。人的心体变化也要像自然变化那样，随起随灭，心体保持清净，辽阔而没有阻碍，这样人的心体就能与天地相通了。

好利害显浅，好名害隐深

好利者，逸出[1]于道义之外，其害显[2]而浅；好名者，窜入[3]于道义之中，其害隐而深。

[1] 逸出：超出，不在某范围之内。

[2] 显：明显，显露。

[3] 窜入：藏匿。

【译文】

一个贪图利益的人，他的所作所为超出道义的范围之外，危害明显但并不深入。一个贪图名声的人，他的所作所为隐藏在仁义道德之中，危害隐蔽且深远。

机动见杀机，念息见真机

机动[1]的，弓影疑为蛇蝎[2]，寝石[3]视为伏虎，此中浑是杀气；念息[4]的，石虎[5]可作海鸥，蛙声可当鼓吹，触处俱见真机[6]。

[1] 机动：有心机，狡诈多疑。

[2] 弓影疑为蛇蝎：把杯子中映出的弓影当成是蛇蝎等毒虫。形容人疑神疑鬼，自己吓自己。

[3] 寝石：卧石。

[4] 念息：各种欲念邪念消失。

[5] 石虎：十六国时后赵武帝，生性残暴，好杀人，是一位暴君。据《辞海》："晋后赵主石勒从弟，字季龙，骁勇绝伦，酷虐嗜杀，勒卒，子弘立，以虎为丞相，封魏王，旋虎杀弘自立，称大赵天王，复称帝，徙居邺，赋重役繁，民不堪命，立十五年卒。"

[6] 真机：玄妙之理。

【译文】

有心机的人，能把杯子中的弓影看成是蛇蝎等毒虫，容易把伏着的石头当成是蹲着的老虎，内心中充满了杀气；心无杂念、心平气和的人，能把凶恶的石虎当成是温顺的海鸥，把聒噪的青蛙叫声当成是乐曲，能在自己接触到的东西中看出生命的真谛。

心乱静中乱，心静乱中静

扰其中[1]者，波沸寒潭，山林不见其寂；虚其中[2]者，凉生暑夜，朝市[3]不知其喧。

[1] 扰其中：心中充满困惑与迷惘。

[2] 虚其中：心中没有杂念，心地干净。

[3] 朝市：指热闹的地方。

【译文】

内心充满困惑迷惘的人，即使处在寒冷的深潭之中，也会感到波涛沸腾翻滚，处在深山老林中也无法感觉到寂静；心中没有杂念的人，在酷热的夏夜也能感觉到清凉，在嘈杂喧闹的街市也感觉不到嘈杂与喧嚣。

欲重吾生苦，性真吾生乐

羁锁[1]于物欲，觉吾生之可哀；夷犹[2]于性真，觉吾生之可乐。知其可哀，则尘情立破；知其可乐，则圣境自臻[3]。

[1] 羁锁：羁绊，束缚。

[2] 夷犹：留恋，从容不迫。

[3] 臻：达到。

【译文】

被自己的物欲束缚的人，会感觉到自己的生命很可悲；悠游在自己纯真本性中的人，才能发觉生命的可爱。知道被物欲束缚很可悲，那么世俗的情怀就可以消除；知道保有纯真本性的可爱，那么崇高神圣的境界就会来到。

非粗无以精，虽雅不免俗

金自矿出，玉从石生，非粗无以求精；道得酒中[1]，仙遇花里[2]，虽雅不能离俗。

[1] 道得酒中：从喝酒中悟出某些道理。

[2] 仙遇花里：在花丛遇见仙人。

【译文】

黄金是从矿石中提炼出来的，玉石是从石头中产生的，可见没有粗糙就不能获求精细；从喝酒中领悟道理，在花丛中遇见仙人，说明即使是高雅的事物，也不能完全脱离世俗。

善于操身心，收放吾自由

白氏[1]云："不如放身心，冥然[2]任天造[3]。"晁氏[4]云："不如收身心，凝然归寂定[5]。"放者流为猖狂，收者入于枯寂。惟善操身心者，把柄在手，收放自如。

[1]白氏：指白居易，字乐天，唐代诗人和文学家。他的诗歌题材广泛，语言通俗易懂，代表诗作有《长恨歌》《卖炭翁》《琵琶行》等。

[2] 冥然：玄默的样子。

[3] 天造：天地，大自然。

[4] 晁氏：指晁补之，字无咎，宋代巨野（今属山东）人，善于书画，因仰慕陶渊明而建造归来园，自号归来子。

[5] 寂定：佛家谓心不驰散，保持安静不动的禅定状态。

【译文】

白居易说："遇到事情放松身心去做，成败得失听凭自然。"晁补之说："遇到事情要小心谨慎，这样能坚定信念不松弛。"放任身心容易使人陷入猖狂，事事约束身心容易使人陷入枯朽寂静。只有善于控制自己身心的人，才能自己掌控自己的身心，做到收放自如。

理寂则事寂，心空则境空

理[1]寂则事寂，遣事[2]执理者，似去影留形；心空则境空，去境存心者，如聚膻却蚋。

[1] 理：道理，事理。事物的规律，是非得失的标准。中国古代有些思想家认为理是世界的本原。

[2] 遣事：遣散、排除事物。

【译文】

事理与事物共存，事理不存在那么事物也跟着消亡，想舍弃事物而保留事理，就像是要去掉影子而保留形体那样不可行；人心虚空那么环境也跟着虚空，想排除环境影响保留内心空虚宁静的人，就像是一面聚集腥膻的东西一面又想驱除蚊子苍蝇一样，仍然不可行。

无心不必观，物一何须齐

心无其心，何有于观？释氏[1]曰：“‘观心[2]’者，重增其障；物本一物，何待于齐？”庄生[3]曰：“‘齐物[4]’者，自剖其同[5]。”

[1] 释氏：佛姓释迦的略称，亦指佛或佛教，这里指佛教。

[2] 观心：观察心性。佛教以心为万法的主体，无一事在心外，故观心即能明了事理。也就是自我省察。

[3] 庄生：庄子，名周。战国时著名思想家，道家学说的主要创始人，与老子并称为“老庄”。

[4] 齐物：庄子认为从道的角度来看，生死寿夭、是非得失、物我彼此等都没有质的差别，万物本来一体。

[5] 剖其同：剖，剖开。万物同为一体，那么“齐物”就分割本来相同的事物。

【译文】

心中没有任何杂念邪思，又有什么必要观察自己内心、反省自己的行为呢？佛教说：“观心”，观察反省，实际上为自己修行又增加了一层障碍。天地万物本来就是一体的，又有什么必要重新划为一体呢？庄子说：“齐物”，消除万物的差别，实际上是分割了本来是一体的万物。

机息见风月，心远无尘迹

机息[1]时，便有月到风来，不必苦海人世；心远[2]处，自无车尘马迹[3]，何须痼疾丘山[4]？

[1] 机息：停止使用心机。

[2] 心远：心胸开阔，超越俗世。

[3] 车尘马迹：指车马行过的痕迹。形容车马来往，喧嚣繁杂。

[4] 痼疾丘山：痼疾，积久难以治愈的病。丘，小山。痼疾丘山指对山丘特别爱好。

【译文】

心中阴暗奸诈的念头消失时，就会有明月清风到来，从此不再为人世间的烦恼痛苦；心胸开阔、心境远离尘嚣，自然没有车马行过的喧嚣繁杂，何必非要偏爱山丘而隐居山林之中呢？

富贵德中来，自舒徐繁衍

富贵名誉，自道德来者，如山林中花，自是舒徐[1]繁衍；自功业来者，如盆槛中花，便有迁徙废兴；若以权力得者，如瓶钵中花[2]，其根不植，其萎可立而待矣。

[1] 舒徐：舒，舒展、展开。徐，缓缓，缓慢。

[2] 瓶钵中花：指插在花瓶里的花，由于没有根很快就会枯萎。瓶钵，僧人用具。

【译文】

一个人的功名富贵，如果是从道德修养中得来的，那就像在山林中生长的花，自然绵延不绝地繁衍生长；如果是从建功立业中取得的，那就像花园中以及花盆中生长的花一样，会随着移植、搬动的变化而枯萎或茂盛；如果是以手中权力抢夺而来的，那就像插在花瓶里的花一样，由于根部不在土中，不久就会枯萎。

只以我转物，不以物役我

无风月花柳，不成造化[1]；无情欲嗜好，不成心体。只以我转物[2]，不以物役我[3]，则嗜欲莫非天机[4]，尘情即是理境[5]矣。

[1] 造化：大自然，自然创造化育万物。

[2] 以我转物：以自己为中心，操纵外物使其为我所用。

[3] 以物役我：以外物为中心，人受外物控制役使。

[4] 天机：天赋的灵机，天然的妙机。

[5] 理境：通过叙事说理而体现的境界。

【译文】

自然界如果没有风月花柳等事物，也就不是创造、化育万物的大自然了；人类如果没有感情欲望以及各种嗜好，也就不是真正的人了。只能以我为中心来支配万物，而不能让外物来控制我，这样人的各种欲望嗜好就成了天然灵机，世俗之情中就蕴含着玄妙理境。

去心中冰炭，随地有春风

天运[1]之寒暑易避，人世之炎凉难除；人世之炎凉易除，吾心之冰炭[2]难去。去得此中之冰炭，则满腔皆和气，自随地有春风矣。

[1] 天运：大自然的运动变化。

[2] 冰炭：冷与热，比喻心中矛盾斗争。

【译文】

大自然运动变化中的寒冷与炎热都容易躲开，人世间的世态炎凉却很难消除；即使人世间的世态炎凉能够消除，我们心中的冲突斗争也难以消除。如果能消除心中的矛盾斗争，那么心中就充满祥和之气，自然能时时感觉如沐春风。

贫士肯济人，闹场能学道

贫士[1]肯济人，才是性天[2]中惠泽[3]；闹场[4]能学道，方为心地上功夫。

[1] 贫士：贫穷的士人。

[2] 性天：天性，指人得于自然的本性。

[3] 惠泽：惠爱与恩泽。

[4] 闹场：喧闹的环境。

【译文】

贫穷的士人能够帮助别人，这才是天性中具有的恩泽；能够在吵闹的环境中学习，这才是心灵深处的本领。

小处不渗漏，暗处不欺隐

小处不渗漏[1]，暗处不欺隐，末路不怠荒[2]，才是真正英雄。

[1] 渗漏：渗，液体慢慢地透入或漏出。渗漏指气体或液体通过孔隙流失。

[2] 怠荒：荒废懈怠，没有上进心。

【译文】

细微的地方不疏忽，在别人看不到的地方不做见不得人的事情，穷困潦倒时不荒废懈怠，如果能做到这些，才是一个真正的英雄人物。

喜奇无远识，苦节须恒久

惊奇喜异者，终无远大之识[1]；苦节独行者，要有恒久之操[2]。

[1] 识：见识，志向。

[2] 操：行为，品行。

【译文】

喜欢奇怪异常事物的人，没有远大的见识与志向；坚守节操，不被世俗污染的人，要有能长久坚持的品行。

怒欲处转念，邪魔变真君

当怒火欲水正腾沸时，明明知得，又明明犯着。知得是谁？犯着又是谁？此处能猛然转念，邪魔[1]便为真君子[2]矣。

[1] 邪魔：妖魔，此处指各种欲念。

[2] 真君子：真正的君子，指真正人格高尚的人。

【译文】

当一个人怒火上升欲念翻滚的时候，虽然自己也知道这样是不对的，可是他控制不了自己。知道这个道理的是谁呢？明明知道却故意触犯的又是谁呢？假如在这个紧要关头能够转变念头，那么邪恶的魔鬼也会变成真正的君子了。

一念犯鬼神，言行须谨慎

有一念而犯鬼神之忌[1]，一言而伤天地之和，一事而酿[2]子孙之祸者，最宜切戒[3]。

[1] 忌：忌讳。

[2] 酿：本意是酿酒，这里是指酝酿与造成的意思。

[3] 切戒：深刻引以为戒。

【译文】

有时候一个不良念头就可能触犯鬼神的忌讳，有一句话说得不对就可能破坏人世间的和气，有一件事做得不恰当就可能为子孙后代惹来祸事。这些都要深深引以为戒。

不为世法染，气味迥然别

山肴[1]不经世人灌溉，野禽不受世人豢养[2]，其味皆香而且洌[3]。吾人能不为世法[4]所点染，其臭味[5]不迥然别乎！

[1] 山肴：肴，熟鱼肉等。此处山肴指山间野生的食物，如菌类、竹笋等。

[2] 豢养：饲养。

[3] 洌：清醇。

[4] 世法：指世间功名利禄以及各种欲念。

[5] 臭味：气味，指人的品位与趣味。

【译文】

山间野菜没有经过人们的栽培灌溉，野外的动物没有受到人们的饲养，它们的味道浓香清醇。我们人不被人世间功名利禄以及各种欲念所污染，那么品位、趣味与德行必定与那些受到污染的人有明显区别。

劝学篇

玄默宁真体，恬愉养圆机

纷扰[1]固溺志[2]之场，而枯寂亦槁心[3]之地。故学者当栖心[4]元默[5]，以宁吾真体；亦当适志恬愉，以养吾圆机[6]。

[1] 纷扰：纷纷扰扰，混乱的样子。

[2] 溺志：使自己心志沉溺其中。

[3] 槁心：心气枯槁，形容人丧失活力，缺乏生气。

[4] 栖心：栖，寄托。栖心，寄托心志。

[5] 元默：玄默，形容清静无为。

[6] 圆机：圆通机变，超脱、不被外物羁绊。

【译文】

纷乱骚动固然沉溺人的心志，而枯燥寂寞也使人心丧失活力。所以求学的人应当寄托心志于清静，以此来使自己获得安宁；也应当适应自己的志趣恬淡愉悦，以此来培养自己的圆通机变。

心是一明珠，畏理障难除

心是一颗明珠，以物欲障蔽[1]之，犹[2]明珠而混以泥沙，其洗涤[3]犹易；以情识[4]衬贴[5]之，犹明珠而饰以银黄[6]，其涤除最难。故学者不患[7]垢病，而患洁病之难治；不畏事障[8]，而畏理障[9]之难除。

[1] 障蔽：遮盖，遮挡。

[2] 犹：好比。

[3] 洗涤：清洗。

[4] 情识：感觉与认识，也指情欲与情性。

[5] 衬贴：衬托。

[6] 银黄：白银和黄金。

[7] 不患：不担心。

[8] 事障：佛教用语，佛家讲贪、嗔、痴等，是达到涅槃的障碍。

[9] 理障：佛教用语，指邪见等阻碍真知、真见。

【译文】

人的心是一颗明亮的珠子，用各种物质欲望遮蔽它，就好比明珠混杂着泥土与沙石，清洗还比较容易；用情感认识衬贴明珠，就好比明珠装饰了黄金白银，清洗就很困难了。所以读书人不怕有明显的毛病，而怕患上难治的看似无碍的毛病；不怕做事情遇到障碍，而惧怕思想上遇到的障碍难以消除。

功夫难处做，学问苦中得

功夫自难处做去者，如逆风鼓棹[1]，才是一段真精神；学问自苦中得来者，似披沙获金，才是一个真消息[2]。

[1] 鼓棹：划桨。棹，船桨。

[2] 消息：真谛，奥妙。

【译文】

各种功夫本领要从难处练习来获得提高，就好比逆着风划船，这才是一种真正的精神；做学问要有吃苦耐劳的精神，就好比在沙里淘金，这才能获得知识学问的真谛。

事理自悟明，意兴自得妙

事理因人言而悟者，有悟还有迷，总不如自悟之了了[1]；意兴[2]从外境而得者，有得还有失，总不如自得之休休[3]。

[1] 了了：聪明，清楚明白。

[2] 意兴：兴趣，乐趣。

[3] 休休：安闲得意的样子。

【译文】

通过别人的解释明白事物的道理，有明白的地方也会有迷惑的地方，总不如自己参悟获得的道理那样明白清楚；从外部环境中获得某种意趣，有得也会有失，总不如从自己内心中产生的某种意趣更惬意自在。

修德要专心，读书须深心

学者要收拾精神[1]，并归一处[2]。如修德而留意于事功[3]名誉，必无实诣[4]；读书而寄兴于吟咏风雅[5]，定不深心。

[1] 收拾精神：收拾散漫精神，集中精神。

[2] 并归一处：合并在一个地方，即专心致志。

[3] 事功：事业。

[4] 实诣：实实在在的造诣成就。

[5] 风雅：风流儒雅。诗经分为“风、雅、颂”三部分，因此风雅也指诗文。

【译文】

学习的人需要收拾散漫精神、排除杂念，集中精神、专心致志地学习。如果想培养良好德行同时又关心功名利禄，那么必然不能取得实在的成就；如果读书把兴趣放在诵读诗词、讲究风雅上，那么必定不能取得深刻的心得。

心地干净时，可读书学古

心地干净[1]，方可读书学古。不然，见一善行，窃以济私[2]；闻一善言，假以覆短[3]。是又藉寇兵[4]而赍盗粮[5]矣。

[1] 心地干净：心无杂念，心地纯净。

[2] 窃以济私：偷取来用以满足自己的私欲。

[3] 假以覆短：假借善言来掩饰自己的过错。

[4] 藉寇兵：藉，资助。寇，敌人。兵，兵器。

[5] 赍盗粮：赍，付与。盗，强盗。粮，粮食。

【译文】

心无杂念、心地纯净的人才可以读圣贤书，才能学习古人的优良品德。不然的话，看到一些善良行为，就偷取来用以满足自己的私欲，听到一些好的话语就用来掩饰自己的过错，这就相当于是把武器送给敌人，把粮食送给强盗。

学须扫外物，直觅本来真

人心有部真文章[1]，都被残编断简[2]封固了；有部真鼓吹[3]，都被妖歌艳舞湮没[4]了。学者须扫除外物，直觅本来，才有个真受用[5]。

[1] 真文章：真正的文章，好文章。

[2] 残编断简：指古代流传下来的残缺不全的书籍。简，古代用来写字的竹板。

[3] 鼓吹：古时用鼓等演奏乐曲，这里用鼓吹代指音乐。

[4] 湮没：埋没。

[5] 真受用：实在的好处。

【译文】

人们心中原本有一部好文章，却都被残编断简给封闭了；人们心中原本有真正动听的乐曲，却被一些妖艳的歌舞给埋没了。所以求取知识的人需要清除外来诱惑，直接寻觅原来的本性，才能获取真实的好处。

兢业之心思，潇洒之趣味

学者有段兢业[1]的心思，又要有段潇洒[2]的趣味。若一味敛束[3]清苦，是有秋杀无春生，何以发育万物?

[1] 兢业：兢兢业业，小心谨慎。

[2] 潇洒：洒脱不羁。

[3] 敛束：收敛约束。

【译文】

求学的人既要有谨慎小心的态度、刻苦研究的精神，又要有潇洒不俗的兴趣爱好。如果只知道约束自己、刻苦求学，使自己过着极其清苦的生活，那么生活就像只有秋天的清冷却没有春天的生机，这样怎么能培育万物呢?

磨炼成福久，参勘成知真

一苦一乐相磨炼，炼极而成福者，其福始久；一疑一信相参勘[1]，勘[2]极而成知者，其知[3]始真。

[1] 参勘：对比参照着考察。

[2] 勘：勘察，考察。

[3] 知：知识学问。

【译文】

在苦难与快乐中通过长久的磨炼得来的幸福才能长久；怀疑与相信相互参照着考察问题，通过反复考察得来的认识才是真正的学问。

不昧坐中堂，化贼为家人

耳目见闻为外贼[1]，情欲意识为内贼[2]，只是主人公惺惺不昧[3]，独坐中堂[4]，贼便化为家人矣。

[1] 外贼：来自于外部的祸害。

[2] 内贼：来自于内部的祸害。

[3] 惺惺不昧：保持清醒不糊涂。

[4] 中堂：正室。

【译文】

眼睛看到的与耳朵听到的是来自于外部的祸害；感情欲望以及意识等是来自于内部的祸害。只要主人自己能保持清醒，遵守原则、坚持信念，那么无论是来自外部的祸害还是来自内部的祸害都不再是祸害，反而都会变成主人的帮手了。

磨砺如炼金，施为勿轻发

磨砺当如百炼之金，急就者非邃养[1]；施为[2]宜似千钧[3]之弩[4]，轻发者无宏功[5]。

[1] 邃养：深厚的修养。邃，深邃。

[2] 施为：进行某种行动。

[3] 钧：古代重量单位，三十斤是一钧。

[4] 弩：一种用机械力量射箭的弓，泛指弓。

[5] 宏功：宏大的功业。

【译文】

磨炼自己的身心就要像炼钢一样反复锤炼，希望一下子就成功的人不会有深厚的修养；做某件事情应当像拉开非常重的大弓一样，轻易发射的人不会有大收获。

天机清澈者，触物皆会心

鸟语虫声，总是传心之诀；花英[1]草色，无非见道[2]之文。学者要天机[3]清澈，胸次玲珑[4]，触物皆有会心处。

[1] 花英：花朵。

[2] 见道：领悟真理。

[3] 天机：本指上天的机密，此处指人的悟性。

[4] 玲珑：精巧细微，灵活敏捷。

【译文】

鸟语虫声，都是它们之间表达感情、进行交流的方式；美丽的花朵和青翠的草儿，其中都蕴藏着大自然的奥妙。研究学问的人要有清明的领悟能力，心胸灵活敏捷，和事物接触的时候都会有所领悟。

以迹用不足，以神用为妙

人解读有字书，不解读无字书；知弹有弦琴，不知弹无弦琴[1]。以迹用[2]，不以神用[3]，何以得琴书佳趣?

[1] 无弦琴：没有琴弦的琴，此处指宇宙间一切声音。

[2] 迹用：运用形体。

[3] 神用：领悟精神。

【译文】

人们知道读有字的书，却不知道读没有字的书；人们知道弹奏有琴弦的琴，却不知道弹奏没有琴弦的琴。只知道运用事物的形体，却不知道领悟事物中蕴藏的道理，这样怎么能领会到琴书的真正妙处呢?

涉世中出世，尽心内了心

出世[1]之道即在涉世[2]中，不必绝人以逃世；了心[3]之功即在尽心[4]内，不必绝欲以灰心。

[1] 出世：超脱世俗。

[2] 涉世：接触社会。

[3] 了心：明白心的道理。了，明白、懂得。

[4] 尽心：用心。以智慧扩张善良本心。《孟子·尽心章上》：“尽其心者知其性也。”

【译文】

超脱俗世的方法就在人世间的磨砺中，没有必要离群索居躲避人世；明白自己内心本性的功夫就在努力用心之中，没有必要断绝一切欲望使心如死灰一般枯寂。

知成之必败，求成不必坚

知成之必败，则求成之心不必太坚；知生之必死，则保生之道不必过劳[1]。

[1] 劳：操劳，过分地花费心思体力。

【译文】

做事情有成功也就必然会有失败，了解到这个道理，人们就没有必要凡事都一定要求成功；生命有生存也就必然会有死亡，了解到这个道理，人们就没有必要过分费心保养自己的身体。

未定绝尘嚣，既坚混风尘

把握未定[1]，宜绝迹尘嚣，使此心不见可欲而不乱，以澄[2]吾静体[3]；操持既坚，又当混迹风尘[4]，使此心见可欲而亦不乱，以养吾圆机[5]。

[1] 把握未定：意志不坚定，自控能力不强。

[2] 澄：澄净。

[3] 静体：指澄净之心的本性。

[4] 风尘：风吹尘土扬起，比喻纷乱的人世。

[5] 圆机：佛家语，因机是圆顿的机根，一念开悟即得佛果的根性。这里比喻超脱俗世，不为外物所拘束。

【译文】

意志还不坚定、自控能力不强的时候，应该远离繁华的俗世，自己看不到各种各样的诱惑就不会意乱心迷，这样才能保持澄净之心的本质；等到意志坚定能够自我控制的时候，又应该多接触纷乱的环境，使自己看到各种各样的诱惑却不会动心迷乱，这样能够培养自我超脱世俗的灵机。

学道须努力，得道任天机

绳锯木断，水滴石穿，学道者须要努力；水到渠成，瓜熟蒂落，得道者一任天机[1]。

[1] 一任天机：顺其自然。

【译文】

坚持不懈、长时间努力，那么绳子也能像锯子一样把木头锯断，水滴也能穿透石头，因此做学问的人需要不断努力才能有所收获；流水汇集到一起自然形成一条水渠，瓜成熟之后瓜蒂自然脱落，因此修行悟道的人一切顺其自然才能修成正果。

火炼陶铸纯，他日成令器

赤子[1]者，大人之胚胎[2]；秀才者，宰相之基础。此时若火力不到，陶铸不纯，他日涉世立朝，终难成个令器[3]。

[1] 赤子：刚生的小孩。

[2] 胚胎：生命开端。

[3] 令器：优秀的人才。令，美好。

【译文】

刚出生的小孩，是成人的生命开端；考中秀才是以后当宰相的基础。假如在这个时候不努力用功，磨炼得不够，那就会像烧制陶器时由于火力不够而烧制不成上等陶器一样，将来有一天走向社会，始终难以成为一个优秀的人才。

事物无定品，穷理识趣先

琴书诗画，达士[1]以之养性灵，而庸夫徒赏其迹象[2]；山川云物，高人以之助学识，而俗子徒玩其光华。可见事物无定品，随人识见以为高下。故读书穷理，要以识趣为先。

[1] 达士：明智达理的人。

[2] 迹象：不明显的现象，这里指表面、形式。

【译文】

琴书诗画，明智聪慧的人用来培养自己的灵性，而平庸的人只知道欣赏表面，没有领略其中蕴含的内容；山川云物等美景，有智慧的人能从中提高自己的学识，而凡夫俗子只知道赏玩风景而已。由此可见事物本身没有固定不变的品性，是随着人们见识的不同而有高低的区别。所以阅读书籍与研究事理，要先提高自己的志趣。

攻人毋太严，教人毋过高

攻[1]人之恶[2]毋[3]太严，要思其堪受；教人以善毋过高，当使其可从。

[1] 攻：责备、指责。

[2] 恶：缺点、过失。

[3] 毋：不要。

【译文】

指责别人的错误时不要过于严厉，要想一想别人能不能承受；教育开导别人做善事的时候，不能要求太高，要想一想别人是不是能够做到。

逆境砺节行，顺境销膏骨

居逆境中，周身皆针砭药石[1]，砥节砺行[2]而不觉；处顺境中，眼前尽兵刃戈矛，销膏糜骨[3]而不知。

[1] 针砭药石：针，古代用来治病的金针。砭，古代用来治病的石头针。药石，古代治病用的药物。针砭药石，泛指治病用的各种工具与药物。

[2] 砥节砺行：砥砺，磨刀石。质地细的磨刀石叫砥，质地粗的叫砺。砥节砺行，磨炼品行。

[3] 销膏靡骨：融化脂肪，侵蚀骨头。膏，脂肪。

【译文】

处在逆境当中，身边都是磨炼人品行的良药利器，人的品行在不知不觉中被磨砺得十分纯良；处在顺境当中，眼前布满各种各样消磨人的意志的武器，在不知不觉中侵蚀人的斗志使人走向失败的道路。

文以拙而进，道以拙而成

文以拙进，道以拙成，一“拙”字有无限意味。如桃源犬吠，桑间鸡鸣，何等淳庞[1]气象！至于寒潭[2]之月，古木之鸦，工巧中便觉有衰飒情形矣！

[1] 淳庞：淳厚、朴实。

[2] 寒潭：寒冷寂静的水潭。

【译文】

写文章朴实无华才能有所长进，修行悟道真诚朴实才能有所收获。一个“拙”字却包含着无穷的意味。像桃花源中的狗叫，桑树林中的鸡鸣，这是多么淳朴的景象啊！至于说寒潭中映出的月影，古树上的乌鸦，虽然精巧却同时蕴藏着衰败凄凉的气象。

横逆穷困境，锻炼身心炉

横逆[1]困穷[2]，是锻炼豪杰的一副炉锤[3]。能受其锻炼者，则身心交益[4]；不受其锻炼者，则身心交损。

[1] 横逆：曲折不顺心。

[2] 困穷：困苦贫穷。

[3] 炉锤：比喻锤炼人的事物。

[4] 交益：都受益。

【译文】

贫穷困苦曲折是磨炼英雄豪杰的工具，能接受这种锤炼的人，对身体与精神都有好处；不能忍受这种锤炼，那么身体和精神都会受到损害。

宽之或自明，纵之或自化

事有急之不白[1]者，宽[2]之或自明，毋躁急以速其忿[3]；人有切[4]之不从者，纵之或自化[5]，毋操切以益其顽。

[1] 白：明白。

[2] 宽：松缓。

[3] 忿：生气，愤怒。

[4] 切：紧急，急迫。

[5] 自化：自己醒悟明白。

【译文】

遇到事情着急之中想不明白的人，松缓下来可能他自己会明白过来。不要过于急躁，过于急躁有可能会增加紧张情绪，使他更加恼怒从而越发弄不明白。有些人你越强迫指挥他，他越不顺从，如果放松不拘束他，这样有可能他自己会明白过来。不要过于逼迫他，这样只会引起他的反感从而更加固执顽劣。

节义与文章，以德性陶熔

节义[1]傲青云[2]，文章高《白雪》[3]，若不以德性陶熔之，终为血气之私，技艺之末。

[1] 节义：节操与义气。

[2] 青云：比喻高官贵人。

[3]《白雪》：古琴曲名。传为春秋时晋国师旷所作。《淮南子·

览冥训》：“昔者师旷奏《白雪》之音，而神物为之下降。”此处喻指高雅的诗词。

【译文】

一个人节操与义气足以傲视达官显贵，文章生动高雅足以胜过《白雪》名曲，如果不用崇高的道德来陶冶熔化它们，节操与文章也不过是意气用事、微不足道的雕虫小技而已。

道随人接引，学随事警惕

道[1]是一件公众的物事[2]，当随人而接引[3]；学是一个寻常的家饭，当随事而警惕。

[1] 道：道理，真理。

[2] 公众的物事：社会公众的事。

[3] 接引：佛家语，指佛引渡众生到西天极乐世界去，《无量寿经》中有“以此宝手接引众生”。

【译文】

各种道理是社会公众的事情，因此应随着人去引导；学习就如人每天都要吃平常饭菜那样普遍，应随着每件事情而留心警惕。

拂逆消怨尤，荒怠奋精神

事稍拂逆[1]，便思不如我的人，则怨尤[2]自消；心稍怠荒[3]，便思胜似我的人，则精神自奋。

[1] 拂逆：不顺，违背。

[2] 怨尤：埋怨，责怪。

[3] 怠荒：懈怠，懒惰。

【译文】

当做事情遇到挫折失败，就想一想那些比不上自己的人，这样怨恨不满的情绪就自然消失；精神稍微有些懈怠懒惰，就想一想那些超过自己的人，这样精神自然会振奋起来。

执理病难医，义理障难除

纵欲[1]之病可医，而执理之病[2]难医；事物之障可除，而义理之障[3]难除。

[1] 纵欲：放纵欲望。

[2] 执理之病：过分执着于某种理论道理。

[3] 义理之障：道义理论方面的障碍。

【译文】

放纵欲望的毛病可以医治，固执己见、过分地坚守执着某种理论道理的毛病却是难以治疗的；在做事情方面遇到的困难是可以克服的，可是道义理论方面的障碍却很难消除。

读不落筌蹄，观不泥迹象

善读书者，要读到手舞足蹈[1]处，方不落筌蹄[2]；善观物者，要观到心融神洽[3]时，方不泥[4]迹象[5]。

[1] 手舞足蹈：形容领会到书中乐趣而感到非常得意高兴。

[2]筌蹄：陷阱，窠臼。筌，捕鱼的竹器。蹄，捉兔子的器具。据《庄子·外物》："筌者所以在鱼，得鱼而忘筌，蹄者所以在兔，得兔而忘蹄。"

[3] 心融神洽：指人沉浸在观察物体中，精神与物体融为一体，达到忘我的境界。

[4] 泥：拘泥。

[5] 迹象：不明显的现象，这里指表面、形式。

【译文】

会读书的人，要读到手舞足蹈真正从书中得到乐趣的程度，这样才能避免流于表面、没有真正抓住书中精髓；善于观察事物的人，要能够全神贯注、集中精神，达到与事物融为一体的境界，这样才不会拘泥于事物的表面形式。

时时检点处，学问真消息

无事便思有闲杂念想否？有事便思有粗浮意气[1]否？得意便思有骄矜[2]辞色[3]否？失意便思有怨望情怀否？时时检点，到得从多入少，从有入无处，才是学问的真消息[4]。

[1] 意气：主观任性的情绪。

[2] 骄矜：骄傲自负。

[3] 辞色：言辞和神色，也就是指人们说的话和说话时的神态。

[4] 消息：奥妙，真谛。

【译文】

没有事情的时候就想一想自己有没有闲杂的思想念头。有事情的时候就要想一想自己有没有粗心浮躁意气用事。得意的时候就想一想自己有没有骄傲自负的言语表情。失意的时候就想一想自己有没有失望怨愤的情绪。这样时常检点自己的思想言行，使坏习惯渐渐从多到少，从有到无，这才是真正掌握了人生真谛。

勿自昧所有，勿自夸所有

前人云："抛却自家无尽藏[1]，沿门持钵[2]效贫儿。"又云："暴富贫儿休说梦，谁家灶里火无烟[3]？"一箴[4]自昧[5]所有，一箴自夸所有，可为学人切戒。

[1] 无尽藏：佛家语，"无尽藏海"的简称。《大乘义章》说："德广难穷，名为无尽，无尽之德，包含曰藏。"用在这里，既指财富也指美德。

[2] 钵：僧人所用的食具。

[3] 谁家灶里火无烟：也就是说无论谁家都有一些财产。

[4] 箴：劝告，劝诫。

[5] 昧：隐藏，隐瞒。

【译文】

前人说："扔下自己家中大量财物，却效仿沿门乞讨的穷人拿着饭碗到处要饭。"又说："暴发户不要向别人夸耀自己的财富，哪个人家的灶下没有生火煮饭呢？"这两句箴言，一句是用来劝诫那些隐藏自己学识的人，另一句是用来劝诫那些夸耀自己学识的人。隐藏与夸耀都是做学问的人需要戒除的不良习惯。

昨非不可留，今是不可执

昨日之非[1]不可留，留之则根烬[2]复萌，而尘情[3]终累[4]乎理趣[5]；今日之是不可执，执之则渣滓[6]未化，而理趣反转为欲根。

[1] 非：错误。

[2] 烬：物体燃烧后剩下的部分。

[3] 尘情：凡心俗情。

[4] 累：拖累，连带。

[5] 理趣：义理志趣。

[6] 渣滓：精选提炼后的残渣。

【译文】

昨天犯的错误不可以保留，如果保留错误就有可能会再犯同样错误。这样义理和志趣就会被世间的杂念俗情所拖累。今天正确的东西也不可以执着不放，执着不放便是心中的杂念等残渣还没有被彻底清除。这样就会使义理和志趣转变为欲望的根基。

百折不回心，万变不穷用

士人[1]有百折不回之真心，才有万变不穷之妙用[2]。

[1] 士人：学者，读书人。

[2] 妙用：奇妙的用处。

【译文】

人们有百折不挠的真诚决心，才会有无穷无尽的才智应对变化无穷的世界。

操存涵养功，处一化齐妙

学者动静[1]殊操[2]、喧寂异趣[3]，还是锻炼未熟、心神混淆[4]故耳。须是操存[5]涵养[6]，定云止水中有鸢飞鱼跃[7]的景象，风狂雨骤处有波恬浪静[8]的风光，才见处一化齐[9]之妙[10]。

[1] 动静：运动和静止。

[2] 殊操：不同的操行。

[3] 异趣：不一样的志趣。

[4] 混淆：混杂，界限不明显。

[5] 操存：执持心志，不使丧失。据《孟子·告子上》："孔子曰：'操则存，舍则亡，出入无时，莫知其乡，惟心之谓与！'"

[6] 涵养：滋润养育。

[7] 鸢飞鱼跃：据《诗·大雅·旱麓》："鸢飞戾天鱼跃于渊。"形容世间各种生物自得其乐。

[8] 波恬浪静：风平浪静，平静无事。恬，安静、平静。据《说文系传》："恬，安也。"据《广雅》："恬，静也。"

[9] 处一化齐：体现了道家学派齐物的哲学思想，也就是说对待宇宙间一切事物，例如生死寿夭、是非得失、物我有无等，都应当同等看待。处，对待。《礼记·檀弓下》："何以处我？"齐，本指禾麦吐穗上整齐。据《说文》："齐，禾麦吐穗上平也。"在《庄子·秋水》篇中："万物一齐，孰短孰长？"齐，相等均衡的意思。

[10] 妙：美好。

【译文】

学者如果在行动和静止的时候有不同的操作，在喧闹与寂静的时候有不同的志趣，这还是由于没有锻炼成熟、心思容易混杂所造成的。学者需要操持心志、修养身心，在静止不动的云与水中看到鸢飞在天、鱼跃水底的景致，在狂风骤雨中看到风平浪静的风光，这样才能看到万物齐一的美妙。

英敏以学摄，激昂以德融

才智英敏[1]者，宜以学问摄[2]其躁；气节激昂者，当以德性融[3]其偏。

[1] 英敏：聪慧敏捷。

[2] 摄：统摄，约束。

[3] 融：消融，调和。

【译文】

聪慧敏捷的人，适宜用学问来消除他身上的浮躁之气；气节激烈高昂的人，应当用优良的品德来消融他身上偏执的缺点。

初起剪人欲，乍明拓天理

人欲从初起处剪除，便似新刍[1]剧[2]斩，其功夫极易；天理[3]自乍[4]明时充拓[5]，便如尘镜复磨，其光彩更新。

[1] 新刍：新长上来的牧草。刍，喂牲畜的草。

[2] 剧：快速，立刻。

[3] 天理：自然法则。宋明的理学家认为封建伦理纲常是客观存在的道德法则，称之为“天理”。

[4] 乍：刚刚，起初。

[5] 充拓：充实，拓展。

【译文】

人的各种欲望，如果能在刚刚萌发的时候就消除掉，就好比小草刚长出来就被砍除一样，是非常容易的，不用费什么功夫就能做到。各种规律法则、伦理道德，如果能在刚刚明白的时候就加以扩展充实，那就好比落满灰尘的镜子经过擦拭会更加明亮一样，会收到更好的效果。

文章只恰好，人品只本然

文章做到极处[1]，无有他奇，只是恰好；人品做到极处，无有他异，只是本然[2]。

[1] 极处：极高极远，登峰造极，在程度上不能再超过的界限。

[2] 本然：本性。

【译文】

一个人写文章达到登峰造极的最高水平时，并没有什么奇特的地方，只是把自己的思想意识恰到好处地表达出来而已。一个人品德修养达到完美的程度，也没有什么奇异的地方，只是保持自己纯朴优良的本性而已。

提醒昏散念，放下吃紧念

念头昏散[1]处，要知提醒；念头吃紧时，要知放下。不然，恐去昏昏之病，又来憧憧[2]之扰矣。

[1] 昏散：不清楚、不集中。

[2] 憧憧：往复不绝，形容心意摇摆不定。

【译文】

当头脑感觉到昏沉、思想不集中的时候，要知道提醒自己集中精神；当感到精神过于紧张烦躁的时候，要知道放松身心。不然的话，恐怕刚治好头脑昏沉、精神散乱的毛病，又陷入过多思绪的困扰之中。

识乃照魔珠，力乃斩魔剑

胜私制欲之功，有曰识不早、力不易者，有曰识得破、忍不过者。盖识是一颗照魔的明珠[1]，力是一把斩魔的慧剑[2]，两不可少也。

[1] 明珠：价值非常高的珠子。佛经《净土论注》说明珠“置之浊水，水即清净，投之浊心，念念之中罪灭心净”。

[2] 慧剑：佛家语，用智慧比喻利剑，认为利剑能斩断烦恼与魔障。

【译文】

战胜私情、克服欲望的功夫并非人人都有的，有人说是因为没有早看穿私欲的危害、意志又不够坚定，所以不能战胜私欲。也有人说虽然能看穿私欲的危害，但是没有坚强的意志力，所以不能够战胜私欲。所以一个人的智慧知识是看穿邪魔的宝珠，意志力是战胜邪魔的利剑。要想战胜私欲，智慧与意志力两者缺一不可。

意见害心贼，聪明障道屏

利欲未尽害心，意见[1]乃害心之蟊贼[2]；声色[3]未必障道，聪明乃障道之屏藩[4]。

[1] 意见：意思、见解。这里指偏见或成见。

[2] 蟊贼：危害人类社会的败类，这里指祸害的根源。蟊，专吃禾苗的害虫。

[3] 声色：歌舞女色，这里泛指一切享乐的生活。

[4] 屏藩：屏风和藩篱，这里指障碍。

【译文】

名利与欲望未必都会扼杀心性，心存偏见才是伤害心性的根源；声色享乐的生活未必都阻碍人们学习求知，自作聪明才是阻碍人们获取真知的最大障碍。

虚心居义理，实心拒物欲

心不可不虚[1]，虚则义理[2]来居；心不可不实[3]，实则物欲不入。

[1] 虚：虚心，谦虚。

[2] 义理：言辞、文章的含义和观点。

[3] 实：充实，真实。

【译文】

一个人不可以不虚心，虚心才能接纳真理和学问；一个人的心里不可以不充实，充实的内心才能抵制住各种物质欲望的诱惑。

性躁事无成，心和百福集

性躁心粗[1]者，一事无成；心和气平[2]者，百福自集。

[1] 心粗：粗心。

[2] 心和气平：心平气和。

【译文】

性情急躁粗心马虎的人，做任何事情都不会取得成功；心平气和性格温和的人，各种福分都会自然集中到他身上。

浓艳试淡泊，纷纭勘镇定

淡泊之守，须从浓艳场[1]中试来；镇定之操[2]，还向纷纭境[3]上勘过。不然操持未定，应用未圆，恐一临机登坛[4]，而上品禅师又成一下品俗士矣。

[1] 浓艳场：指繁华喧嚣的地方。

[2] 操：操行，操守。

[3] 纷纭境：纷乱嘈杂的地方。

[4] 登坛：走上佛坛讲解佛法。坛，佛家进行祈祷法事的地方或者指讲经布道的讲台。

【译文】

淡泊的操守志向，需要经过荣华富贵、热闹喧嚣场所各种诱惑的考验；镇定自如的操守品质，还需要在纷乱嘈杂的环境中经受考验。不然人的操守与志向还不坚定，行动处事还不能圆满完善，恐怕一遇到登坛讲经说法的机会，高僧也会变成凡人俗士了。

智小不谋大，趣卑不谈高

鷃[1]占一枝，反笑鹏[2]心奢侈；兔营三窟，转嗤[3]鹤垒[4]高危。智小者不可以谋大，趣卑者不可与谈高。信然矣！

[1] 鷃：一种体小尾短的小鸟，有黄色眉纹，捕食小虫，俗称巧妇鸟。《庄子·逍遥游》："鹪鹩巢于深林，不过一枝。"

[2] 鹏：传说中由鲲变化而来的一种大鸟。

[3] 嗤：嘲笑。

[4] 鹤垒：鹤的巢。

【译文】

鹬占据一条树枝，反过来嘲笑大鹏鸟飞翔高空的凌云壮志太宏大奢侈；兔子建造了三处窝穴，转过来嗤笑鹤筑造的巢穴过于高耸危险。智慧不足的人不可以同他们谋划大的事业，趣味低下的人不能和他们谈论高雅的事情。确实是这样啊！

欲路毋染指，理路毋退步

欲路[1]上事，毋乐其便而姑为染指[2]，一染指便深入万仞[3]；理路[4]上事，毋惮[5]其难而稍为退步，一退步便远隔千山。

[1] 欲路：泛指各种欲望。

[2] 染指：比喻获取不属于自己的非分利益。

[3] 仞：古代计量单位，八尺为一仞。

[4] 理路：泛指各种真理、道理。

[5] 惮：害怕，恐惧。

【译文】

关于欲望方面的事情，不要贪图它方便就随便参与，一参与进去就会掉进万丈深渊；关于真理方面的事情，不要因为害怕困难就止步不前，一退步就会和真理远远分隔开了。

勿凭意兴为，勿从情识悟

凭意兴作为者，随作则随止，岂是不退之车轮[1]？从情识解悟者，有悟则有迷，终非长明之灯烛[2]。

[1] 不退之车轮：佛家语，佛教认为，佛法能摧毁众生罪恶，能辗碎一切邪魔鬼怪，法轮并不停在一处，而是像车轮那样辗转滚动，因此称为不退之轮。

[2] 长明之灯烛：寺庙中点的灯都叫长明灯，佛家说本智光明，因此就用长明灯比喻灵智。

【译文】

凭一时兴趣去做事的人，等到兴趣消失了，事情也就跟着停止了。这样哪里是坚持不懈努力以便有所成就的做法呢？从情感意识角度领悟真理的人，有醒悟明白的地方也会有迷惑不解的地方，终究不能像长久光明的灵智明灯那样，一直清楚明白。

口乃心之门，意乃心之足

口乃心之门，守口不密，泄尽真机；意乃心之足，防意不严，走尽邪蹊[1]。

[1] 邪蹊：邪僻小路。

【译文】

口是人心的大门，大门防守不严密，人心中的机密就全泄露出去；意志是人心的腿脚，假如意志不坚定，就会走向邪僻小路。

身虽在事中，心要超事外

波浪兼天[1]，舟中不知惧，而舟外者寒心；猖狂骂座，席上不知警，而席外者咋舌[2]。故君子身虽在事中，心要超事外也。

[1] 兼天：连天。

[2] 咋舌：咬舌，形容吃惊、害怕，说不出话或不敢说话。

【译文】

波浪连天，坐在船中的人没有感到害怕，船外边的人却吓得胆战心惊；酒席上猖狂的人谩骂别人，酒席上的人没有警惕，反而把酒席外的人吓得说不出话来。因此有良好德行的君子，虽然参与某件事，但是心却超脱于事情之外。

遇好书良友，享碗茗炉烟

千载奇逢，无如好书良友；一生清福，只在碗茗炉烟[1]。

[1] 碗茗炉烟：炉中点着烟，碗中泡着茶。形容闲适自在的生活。

【译文】

千年难遇的好东西，都比不上好书与好朋友；一生清闲自在的生活，就在于碗中清茶与炉中轻烟之中。

日与圣贤语，时共造化氤

蓬茅[1]下诵诗读书，日日与圣贤晤语，谁云贫是病？樽罍[2]边幕天席地[3]，时时共造化氤氲[4]，孰谓醉非禅[5]？

[1] 蓬茅：蓬草和茅草，这里指茅草屋。

[2] 樽罍：樽与罍都是古代盛酒器。

[3] 幕天席地：把天当幕，把地当席，形容心胸开阔。

[4] 氤氲：烟雾弥漫的样子，气与光混合动荡的样子。

[5] 禅：梵语“禅那”的简称，指静思。

【译文】

在茅草屋下诵读诗书，每天都能和古代圣贤对话交谈，谁能说贫穷是一种病呢？以天为幕，以地为席，举杯畅饮，时时都能和天地自然融为一体，谁能说醉酒不是静思悟道呢？

涤尽心渣滓，始见本真体

为善[1]而欲自高[2]胜人，施恩而欲要名结好[3]，修业[4]而欲惊世骇俗[5]，植节[6]而欲标异见奇[7]，此皆是善念中戈矛[8]，理路上荆棘[9]，最易夹带[10]，最难拔除者也。须是涤尽渣滓[11]，斩绝萌芽，才见本来真体[12]。

[1] 为善：行善，做好事。

[2] 自高：抬高自己，超过别人。

[3] 结好：交结，亲近。

[4] 修业：学习知识，研究学问。业，古人读书写字用的版。修业也指修营功业，据《易·乾·文言》："君子进德修业。"

[5] 惊世骇俗：言行怪异使世人感到震惊。世、俗，都指一般人。

[6] 植节：培养操守气节。植，栽种，种植。节，本义竹节，这里指气节、节操。

[7]标异见奇：表现与众不同显现奇特。标异，表现与众不同。宋·苏轼《论河北京东盗贼状》："或多聚徒众，或广置兵仗，或标异服饰。"见，显现、显示。据《广雅》："见，示也。"见奇，显现奇特。

[8] 戈矛：戈和矛，泛指兵器。汉·张衡《东京赋》："戈矛若林，牙旗缤纷。"

[9] 荆棘：两者常丛生阻塞道路。荆，荆条，无刺。棘，酸枣，有刺。

[10] 夹带：夹杂，混杂。

[11] 渣滓：杂质、残渣。

[12] 真体：真实的本体。佛家语，本相，实相。这里指事物的真实情况或本来面目。

【译文】

做善事想要抬高自己超过别人，施人恩惠想要博取好名声结交别人，修营功业想要震惊世人，培养节操想要表现怪异显示奇特，这些都是善良念头中的凶恶之气，真理道路上的阻碍，最容易混杂夹带，最难清除了。必须要除净残渣，斩断萌芽，这样才能显现人心的真实面目。

闲时身须忙，收摄心可放

身不宜忙，而忙于闲暇之时，亦[1]可警惕[2]惰[3]气；心不可放，而放于收摄[4]之后，亦可鼓畅[5]天机[6]。

[1] 亦：又，也。

[2] 警惕：警觉，小心戒备。

[3] 惰：懒惰，懈怠。

[4] 收摄：收敛，约束。

[5] 鼓畅：鼓动使畅通。

[6] 天机：天赋灵性。

【译文】

身体不宜过于忙碌，而在空闲的时候忙碌起来，又可以消除身上的懒惰懈怠之气；心思不可以过于放松，而在收敛约束之后放松，又可以激发人的天赋灵性。

名为招祸本，欲乃散志媒

钟鼓[1]体虚，为声闻而招击撞[2]；麋鹿[3]性逸，因豢养[4]而受羁縻[5]。可见名为招祸之本，欲乃散志之媒，学者不可不力为扫除也。

[1] 钟鼓：钟和鼓，古代礼乐器。

[2] 击撞：敲打。

[3] 麋鹿：麋与鹿，或单指麋鹿。古人常用麋鹿比喻隐逸之志。据李白《山人欢酒》诗："各守麋鹿志，耻随龙虎争。"

[4] 豢养：饲养，喂养。

[5] 羁縻：约束，控制。

【译文】

钟和鼓的体型是中间空，因为被撞击能发出声音而为自己招来经常被撞击的祸事；麋与鹿贪恋闲适安逸，导致被驯养而受到约束。由此可见名声是招惹祸事的根源，欲望是使人心志涣散的中介，学者不可以不全力清除欲望和名声啊。

完心上本来，得世间常道

完得心上之本来[1]，方可言了心[2]；尽[3]得世间之常道[4]，才堪[5]论出世[6]。

[1] 本来：指人本来就有的本质。

[2] 了心：了解，明白。了，知道、明白。

[3] 尽：完全，达到极限。

[4] 常道：事物中隐藏的规律与法则。据《荀子·天论》：“天有常道矣，地有常数矣。”

[5] 堪：可以，足以。

[6] 出世：超脱人世束缚。

【译文】

完全认识了自己的本来面目，才可以说是明白了人的心性；理解透彻世间的基本规律法则，才能够谈论超脱人世。

塞物欲之路，弛尘俗之肩

塞得物欲之路，才堪辟道义之门；弛[1]得尘俗之肩，方可挑圣贤之担。

[1] 弛：放下，丢弃。

【译文】

堵塞了物质欲望的道路，才能够开启真理道义的大门；放得下肩头世俗的担子，才能够挑起圣贤事业的重担。

千江一轮月，心珠宜独朗

一勺水便具四海水味，世法[1]不必尽尝；千江月总是一轮月光，心珠[2]宜当独朗。

[1] 世法：佛家语，对出世法而言，佛教把世间一切生灭无常的事物都叫作世法。《华严经·世主妙严品》："佛观世法如光影。"

[2] 心珠：佛家语，佛家认为人的心性本来纯洁如珠。《景德传灯录·僧那禅师》："既不堕有无处所，则心珠独朗。"

【译文】

一勺水便具有四海水的味道，因此没有必要把世间的一切生灭道理都亲自体验；千条江水中的月亮，都是天上一轮明月的影子，所以我们的心性也要明朗如珠。

难灭情舍欲，可平情寡欲

情之同处即为性，舍情则性不可见；欲之公处即为理，舍欲则理不可明。故君子不能灭情，惟[1]事平情[2]而已；不能灭欲，惟期[3]寡欲[4]而已。

[1] 惟：只有，只是。

[2] 平情：感情平和，不偏激。

[3] 期：期望。

[4] 寡欲：欲望少，节制欲望。寡，浅、少。

【译文】

与情感共处的就是人的本性，舍弃情感那么人的本性就不能显现出来；与欲望共处的就是义理，舍弃欲望那么义理也就不能明白了。所以君子不能消灭情感，只是使感情平和不偏激而已；不能消灭欲望，只是减少欲望罢了。

五更勘心体，饮食谙世味

从五更[1]枕席[2]上参勘[3]心体[4]，气未动，情未萌，才见本来面目；向三时[5]饮食中谙练[6]世味[7]，浓不欣，淡不厌，方为切实功夫。

[1] 五更：古时从黄昏到天明，一夜间被分为甲、乙、丙、丁、戊五个时间段，称之为五更。又叫五鼓、五夜。五更也特指第五更的时候，也就是天快亮的时候。

[2] 枕席：枕头和席子，睡觉的地方。

[3] 参勘：检验，对比核查。参，参照、检验。勘，核对、核查。《说文新附》："勘，校也。"

[4] 心体：本体，古时有以心为思想主体的理论。也指精神与肉体。

[5] 三时：指一天中早、午、晚三个时间段。

[6] 谙练：熟悉，熟练。

[7] 世味：人情世故的滋味。

【译文】

清早在没有起床的时候思考琢磨自己的内心本性，这个时候心中杂念邪思等浮躁之气还没有产生，感情还没有萌动，这才能见到自己的本来面目；从一日三餐中熟悉人世间的各种滋味，滋味肥美不过于高兴，滋味寡淡也不厌恶，这才是真正的功夫。

静夜观心时，妄穷真独露

夜深人静，独坐观心[1]，始觉妄穷[2]而真独露[3]。每于此中得大机趣[4]，既觉真现而妄难逃，又于此中得大惭悔。

[1] 观心：佛家语。观察心性，自我反省。据《辞海》注："观察心性如何谓之观心。"

[2] 妄穷：虚妄的念头消失。妄，虚妄。

[3] 真独露：本真显现。真：真境，佛家讲脱离妄见达到涅般境界。

[4] 机趣：生机趣味。

【译文】

夜深人静的时候，一个人独自坐下来反省观察自己的内心，才发现邪思杂念都消失了，自己的本真自然显现出来。每当这个时候都能从中体会到许多生命的生机与趣味，领悟人生的道理。既发觉本真出现的可贵，又感到难以完全消除妄念，继而感觉到非常惭愧后悔。

降客伸正气，消妄现真心

矜高倨傲[1]，无非客气。降伏得客气[2]下，而后正气[3]伸；情欲意识，尽属妄心。消杀得妄心[4]尽，而后真心现。

[1] 矜高倨傲：矜持傲慢，自夸自大。

[2] 客气：虚夸浮泛，言行虚娇。也指与正气相对的、出自于人的血气。

[3] 正气：出自于人的真心本性。

[4] 妄心：妄，虚幻不实。妄心是佛家语，指人的本性被幻象蒙蔽。

【译文】

骄矜傲慢，自高自大，这不是出自于人的真心，而是出于血气、浮夸不实的客气影响。只有消除客气，人的正气才能够伸展出现。各种情欲邪念，都属于虚幻不真实的妄心。消除虚幻不实的妄心，人的真诚善良的真心才会显现出来。

处世篇

操存有真宰，应用有圆机

操存[1]要有真宰，无真宰[2]则遇事便倒，何以植顶天立地之砥柱？应用要有圆机[3]，无圆机则触物有碍，何以成旋乾转坤之经纶[4]。

[1] 操存：操守，心志。

[2] 真宰：主宰。

[3] 圆机：圆通机变。

[4] 经纶：筹划处理国家大事。

【译文】

人的操守与心志要有一个主宰，假如没有主宰，遇到事情就会没有主见、随风倒。这样怎么能把自己培植成顶天立地的国家栋梁呢？做事情要圆通机变，假如不圆通灵活，那么处理事情就会遇到阻碍，这样怎么能使自己成为扭转乾坤、治理国家的人才呢。

人不轻喜怒，物不重爱憎

士君子之涉世，为人不可轻[1]为喜怒，喜怒轻，则心腹肝胆皆为人所窥[2]；于物不可重为爱憎，爱憎重，则意气精神悉为物所制。

[1] 轻：轻易。

[2] 窥：看，偷看。

【译文】

君子为人处世，不能轻易对别人表露自己欢喜与愤怒的感情。如果轻易表示自己欢喜与愤怒的感情，自己的内心世界就会被别人看清楚；对于各种事物，不能过于喜欢或者讨厌，如果过于喜欢或憎恶某种事物，那么自己的精神意志就都被这种事物所制约。

玩世防射影，欺人恐照胆

倚高才而玩世[1]，背后须防射影之虫[2]；饰厚貌[3]以欺人，面前恐有照胆之镜[4]。

[1] 玩世：以嬉戏玩耍的态度处世。

[2] 射影之虫：蜮，也叫射工。古代传说中的一种虫，在水中听到人声，就吹气激起水或含沙当矢用，射人和人的影子。被射中的人便发疮，被射中影子者也得病。用来比喻阴险卑鄙的小人。

[3] 厚貌：老实忠厚的样子。

[4] 照胆之镜：传说秦始皇有一块方镜，此镜能照见人的五脏，女子有邪心者，照这面镜子则胆张心动。

【译文】

依仗着自己出众的才干，以嬉戏轻蔑的态度处世，需要防备背后有小人诋毁中伤；假装忠厚老实以此来欺骗别人，面前恐怕会有照出人肝胆邪心的镜子。

是非不迁就，利害少分明

当是非邪正之交，不可少[1]迁就，少迁就则失从违之正[2]；值利害得失之会，不可太分明，太分明则起趋避之私[3]。

[1] 少：稍微。

[2] 从违之正：顺从或违反的标准。

[3] 趋避之私：靠近或躲开的私心。

【译文】

当人们处在区分是与非、正与邪的关键时刻，不能有丝毫的迁就。稍微有一点迁就，就会使人失去顺从还是违抗的标准；当人们处在利与害、得与失冲突的关键时刻，不能把利害得失区分得过于明确，过于明确的话会使人产生接近或者躲避的私心。

宁风霜自挟，毋鱼鸟亲人

苍蝇附骥[1]，捷则捷矣，难避处后之羞[2]；茑萝[3]依松，高则高矣，未免仰攀之耻[4]。所以君子宁以风霜自挟[5]，毋为鱼鸟亲人[6]。

[1] 苍蝇附骥：比喻依附先辈或名人得以成名。骥，好马。

[2] 处后之羞：跟在别人后面、从属于人的耻辱。

[3] 茑萝：两种缠绕依附在松柏上生长的蔓生植物。

[4] 仰攀之耻：向上攀援、看人脸色的耻辱。

[5] 风霜自挟：形容严肃冷峻。

[6] 鱼鸟亲人：鱼鸟因为受到人的喂养而和人亲近。

【译文】

苍蝇落在骏马身上，跟着骏马飞驰。快确实是快，却难以逃避跟在别人后面、依附于人的羞耻；茑萝缠绕依附在松树身上生长，高确实是高了，却不能避免攀附他人的耻辱。所以君子宁可严肃冷峻地守着自己清高的节操，也不会学鱼和鸟那样靠人喂养、与人亲近。

心内须精明，为人要浑厚

好丑心太明，则物不契[1]；贤愚心太明，则人不亲。士君子须是内精明而外浑厚，使好丑两得其平，贤愚共受其益，才是生成的德量[2]。

[1] 契：契合，投合。

[2] 生成的德量：天生的美德与气量。

【译文】

区分事物好与坏的心思过于鲜明，那么就不容易与事物相投合；评价人贤良与愚蠢的心思过于分明，那么就不容易与人亲近。真正有德行的人应该是内心精明敏捷而外表浑厚纯朴，这样使得好与坏保持平衡，贤良的人与愚蠢的人都能受益，这才是天生的美德与气量。

念头持到底，小事不松弛

遇大事矜持[1]者，小事必纵弛[2]；处明庭检饬[3]者，暗室必放逸[4]。君子则一个念头持到底，自然临小事如临大敌，坐密室若坐通衢[5]。

[1] 矜持：局促，拘束。

[2] 纵弛：放松，懈怠。

[3] 检饬：检点，约束自己。

[4] 放逸：放纵。

[5] 通衢：四通八达的道路。

【译文】

遇到大事局促小心的人，在遇到小事的时候必然会松弛懈怠；

在大庭广众之下检点约束自己的人，在别人看不到的隐秘地方必然会放纵、没有规矩。君子则是一个念头坚持到底，始终如一，自然就会在遇到小事的时候也如临大敌，坐在没有别人的密室中也像坐在四通八达的大路上一样。

无背后之毁，无久处之厌

使人有面前之誉[1]，不若使其无背后之毁[2]；使人有乍交之欢，不若使其无久处之厌。

[1] 誉：赞扬，赞美。

[2] 毁：毁谤，说别人的坏话。

【译文】

使别人当面赞美你，不如使别人不在背后诋毁中伤你；使别人感到与你初次相交很愉快，不如使别人感到和你长久相处也不会产生厌恶的感觉。

己之欲须忍，人之情当恕

己之情欲[1]不可纵，当用逆[2]之之法以制之，其道只在一“忍”字；人之情欲不可拂，当用顺之之法以调之，其道只在一“恕[3]”字。今人皆“恕”以适己，而“忍”以制人，毋乃不可乎?

[1] 情欲：欲望。

[2] 逆：克制。

[3] 恕：宽恕。

【译文】

自己的欲望不能放纵，应当用克制的方法控制自己的欲望，关键就在一个“忍”字；他人的欲望不可以压制，应当用顺应它的方法调理，关键就在一个“恕”字。可是如今的人都以宽容的态度对待自己，却用克制欲望要求别人，这恐怕不行吧！

难亲胜疏终，守拙胜巧持

与人[1]者，与其易疏[2]于终，不若难亲于始；御事[3]者，与其巧持于后，不若拙守于前。

[1] 与人：和别人交往。

[2] 疏：疏远。

[3] 御事：处理事情。

【译文】

和别人交往的时候，与其到最后与对方关系疏远，还不如一开始就不轻易和对方亲近结交；处理事情的时候，与其到最后使用机巧奸诈，还不如一开始就表现笨拙。

灭处观功名，起处究困穷

功名富贵，直从灭处观究竟，则贪恋自轻；横逆[1]困穷，直从起处究由来，则怨尤[2]自息。

[1] 横逆：横暴不顺利。

[2] 怨尤：怨愤，责怪。

【译文】

功名富贵如果能从它们消失的地方探究原因，那么贪恋荣华富贵的念头自然会减轻；穷苦挫折如果能从它们产生的地方探究由来，那么怨愤不满的情绪自然会平息了。

待人留恩礼，御事留才智

待人而留有余不尽之恩礼[1]，则可以维系无厌之人心；御事[2]而留有余不尽之才智，则可以提防不测之事变。

[1] 恩礼：恩惠与礼遇。

[2] 御事：处理事情。

【译文】

对待别人留有一定余地，不能把恩惠与礼遇一下子都给予对方，这样才可以维持住欲望无限的人心；处理事情留有一定的才能与智慧，这样可以防备意料之外的事情发生。

仇边弩易避，恩里戈难防

仇边之弩[1]易避，而恩里之戈[2]难防；苦时之坎[3]易逃，而乐处之阱[4]难脱。

[1] 弩：弓，一种靠机械力量发射箭的弓。

[2] 戈：一种兵器。

[3] 坎：坎坷。

[4] 阱：陷阱，圈套。

【译文】

从敌人那里射过来的箭容易躲避，从朋友那里刺过来的戈难以防备；苦难时候的坎坷容易克服，而快乐之地的陷阱与危险却难以逃避。

芳垢名不留，只元气浑然

膻秽[1]则蝇蚋[2]丛嘬[3]，芳馨则蜂蝶交侵[4]。故君子不作垢业[5]，亦不立芳名[6]；只是元气浑然，圭角[7]不露，便是持身涉世一安乐窝也。

[1] 膻秽：又臭又脏的东西。

[2] 蝇蚋：苍蝇蚊子。

[3] 丛嘬：聚在一起吮吸叮咬。

[4] 交侵：争相侵犯，这里指争相采撷。

[5] 垢业：做坏事。垢，污秽、脏东西。

[6] 芳名：好名声。

[7] 圭角：锋芒，头角圭的锋芒有棱角，比喻人的言行怪异刻薄。

【译文】

苍蝇蚊子等聚集在一起叮咬腥臭的东西，蜜蜂蝴蝶等争相采撷芳香的花朵。所以君子既不做坏事，也不树立良好的名声，只是保持一团浑然本真，不露锋芒，这就是立身处世保持安稳的好方法。

宁刚方见惮，勿媚悦取容

落落者[1]，难合亦难分；欣欣者[2]，易亲亦易散。是以君子宁以刚方[3]见惮[4]，勿以媚悦取容。

[1] 落落者：孤僻不合群、态度冷漠、不随便和别人交往的人。

[2] 欣欣者：笑容满面、和颜悦色、容易和别人交往的人。

[3] 刚方：严厉刚正。

[4] 见惮：感到害怕。

【译文】

孤僻不合群的人，难以结交，一旦和别人交往成为朋友，又难以分离。对待别人和颜悦色、满面笑容的人，容易接交也容易断交。所以君子宁可因为严厉刚正使别人产生畏惧而不敢轻易接近自己，也不可以奉承取悦别人以求得亲近结交。

不贪无廉名，不争无让字

廉所以戒贪，我果不贪，又何必标一廉名，以来[1]贪夫[2]之侧目[3]；让所以戒争，我果不争，又何必立一让字，以致[4]暴客[5]之弯弓[6]。

[1] 来：引来，招来。

[2] 贪夫：贪婪的人。

[3] 侧目：斜着眼睛看人，形容又怕又恨。

[4] 致：招致，招来。

[5] 暴客：凶暴的人。

[6] 弯弓：拉弓射箭。喻指伤害。

【译文】

廉洁是用来戒除贪婪的，我确实不贪婪，那又何必树立一个廉洁的名声，引来贪婪之人的嫉恨。谦让是用来戒除争斗的，我确实不好争斗，那又何必树立一个谦让的名声，招来凶暴之人的祸害。

勿欲人感恩，当为人除害

处世而欲人感恩，便为敛怨[1]之道；遇事而为人除害，即是导利[2]之机。

[1] 敛怨：收敛、招致怨恨。

[2] 导利：引导、收获利益。

【译文】

为人处世想着要得到别人的感激，这就是为自己聚敛怨恨的道路；遇到事情为别人消除祸患，这就是使自己收获利益的机会。

君子如介石，小人如脂膏

君子严如介石[1]，而畏其难亲，鲜不以明珠为怪物[2]，而起按剑之心；小人滑如脂膏，而喜其易合，鲜不以毒螫[3]为甘饴[4]，而纵染指[5]之欲。

[1] 介石：又硬又冰冷的石头。

[2] 鲜不以明珠为怪物，而起按剑之心：据《史记·邹阳传》："臣闻明月之珠，夜光之璧，以暗投人于道路，人无不按剑相眄者，何则？无因而至前也。"意思是说珍贵的明珠玉璧，人们由于不了解它们的真正价值，也会把它当作怪物而扔掉或销毁。鲜，少。

[3] 毒螫：各种毒虫的毒刺。

[4] 甘饴：甘甜的麦芽糖。

[5] 染指：《左传》中记载，楚人献鼋给郑灵公，灵公召诸大夫共食。大夫子公来到，灵公却不分给他，于是"子公怒，染指于鼎，尝之而出"。本来是说用手指蘸鼎内的鼋羹，后来用以比喻瓜分非分的利益。

【译文】

有德行的正人君子像冰冷坚硬的石头一样严峻，使得人产生畏惧之感而难以与君子亲近，很少有人不把如明珠般的君子看作是怪物，从而产生拔剑刺杀的念头；没有德行的卑鄙小人像脂膏一般圆滑，人们喜欢他们的容易接近，很少有人不把像毒虫一样带着毒针的卑鄙小人看成是甘甜的糖，从而产生想尝一尝的欲望。

遇事须镇定，待人无欺隐

遇事只一味镇定从容，纵纷若乱丝，终当就绪[1]；待人无半毫矫伪欺隐，虽狡[2]如山鬼，亦自献诚。

[1] 就绪：一切安排妥当。

[2] 狡：狡猾，狡诈。

【译文】

遇到事情只要一直保持镇定从容，即使事情复杂如一团乱丝，终究还是能处理妥当；对待他人没有丝毫虚伪狡诈，即使像山鬼那样狡诈的人，也会以坦诚对待你。

多匿采韬光，常逊美公善

杨修[1]之躯见杀于曹操，以露己之长也；韦诞[2]之墓见伐于钟繇[3]，以秘己之美也。故哲士[4]多匿采以韬光[5]，至人常逊美[6]而公善。

[1] 杨修：字德祖，聪明有才，东汉建安年间举为孝廉，后为曹操主簿，被曹操杀害。

[2] 韦诞：三国时魏国书法家，有文才。

[3] 钟繇：字元常，三国时期曹魏著名书法家、政治家。韦诞在钟繇之后去世，盗墓之说并不成立。作者想表达的意思仍是做人要谦虚内敛。

[4] 哲士：聪明有学问的人。

[5] 匿采以韬光：隐藏才华，不露锋芒。匿，隐藏。韬，掩藏。

[6] 逊美：谦让好的名声。

【译文】

杨修被曹操杀死，是因为他显露自己的才华；韦诞的墓穴被钟繇掘开，是因为韦诞的墓穴中藏有钟繇想要的宝物。所以聪明的人大多隐藏自己的才华，锋芒不露。品德高尚的人常常谦让美名，把善行归于大家。

人而皆好名，开诈善之门

君子好名，便起欺人之念；小人好名，犹怀畏人之心。故人而皆好名，则开诈善之门；使人而不好名，则绝为善之路。此讥好名者当审责[1]夫君子，不当过求于小人也。

[1] 审责：明确责任，审问。

【译文】

君子喜欢好名声，便有可能会产生欺骗别人的念头；小人喜欢好名声，还怀有畏惧别人的心理。所以人们都喜欢好名声，就会打开伪善的大门；如果使人们不追求好名声，就会断绝做善事的道路。所以当嘲讽喜欢名誉的人时，应当审责那些君子们，不应当过分要求小人们。

须防绵里针，宜远刀头蜜

大恶多从柔处伏，哲士[1]须防绵里之针[2]；深仇常自爱中来，达人[3]宜远刀头之蜜[4]。

[1] 哲士：贤明有智慧的人。

[2] 绵里之针：丝绵里面的针，比喻外面柔和而内藏祸心的事或人。

[3] 达人：乐观豁达、通情达理的人。

[4] 刀头之蜜：刀头上抹着蜜，比喻外表甜美而内心歹毒的人或事。

【译文】

巨大的祸事大多潜伏在安逸的地方，所以有智慧的人需要防备丝绵里藏的针刺；深仇大恨常常是从亲厚爱恋中产生，豁达的人应当远远避开刀尖上抹的蜜。

持身涉世时，勿随境而迁

持身涉世，不可随境而迁。须是大火流金[1]，而清风穆然[2]；严霜杀物，而和气蔼然[3]；阴霾[4]翳[5]空，而慧日[6]朗然[7]；洪涛倒海，而砥柱屹然。方是宇宙内的真人品。

[1] 大火流金：形容天气非常炎热。流，销熔。流金，使金子熔化。

[2] 穆然：静思的样子，这里指柔和的样子。

[3] 蔼然：温柔可亲的样子。

[4] 阴霾：天气阴沉，昏暗。

[5] 翳：遮蔽。

[6] 慧日. 佛家语，佛的智慧就像太阳那样普照世间，因此称之为慧日。

[7] 朗然：清澈明亮的样子。

【译文】

安身立命、经历世事的时候，不可以随着环境的改变而改变自己的道德品行。需要像在大火流金那样酷热的环境下，依然能如清风那般轻柔；处在严霜酷寒的环境下，依然能保持满腔和气；处在阴沉昏暗、不见天日的环境中，依然能保持清澈明朗；在怒涛汹涌、翻江倒海的环境中，能够像中流砥柱那样屹立不倒，这才是宇宙中真正优良的人品。

受人毁增美，受人欺为福

毁人者不美，而受人之毁者遭一番讪谤[1]便加一番修省，可以释回[2]而增美[3]；欺人者非福，而受人欺者遇一番横逆便长一番器宇[4]，可以转祸而为福。

[1] 讪谤：诋毁，诽谤。

[2] 释回：消除邪念歪行。

[3] 增美：增加良好的德行。

[4] 器宇：胸怀，气量。

【译文】

喜欢诋毁别人的人，他的品德并不优良，而遭到别人毁谤的人每遭受一次毁谤便增加一回自我反省，这样就可以减少不良的品行，增加优良的品行；喜欢欺负别人的人没有福气，而受别人欺负的人每受一次磨难便增长一番气量，这就可以使祸害转变成福气。

骄人有侠气，欺世无真心

贫贱骄人，虽涉虚矫[1]，还有几分侠气；英雄欺世，纵似挥霍[2]，全没半点真心。

[1] 虚矫：没有真本事而骄傲自负，浮华不实。

[2] 挥霍：轻捷，随意浪费财物。这里是奔放、洒脱的意思。

【译文】

贫贱的人骄傲自负，虽然有些浮华不实，还有几分侠客的气质；英雄欺骗世人，纵然看似洒脱、豪放，却完全没有一点真心。

廉官多无后，痴人每多福

廉官多无后，以其太清也；痴人每多福，以其近厚也。故君子虽重廉介[1]，不可无含垢纳污之雅量；虽戒痴顽[2]，亦不必有察渊洗垢之精明。

[1] 廉介：清廉。

[2] 痴顽：愚蠢顽劣。

【译文】

清廉的官员大多没有后代，是因为他们太高洁了；傻人往往福气多，是因为他们接近宽厚纯朴。所以君子虽然看重清正廉洁，却不可以没有含污纳垢的气量；虽然戒除愚蠢顽劣，也不必探究渊源、清洗污垢、过于精明。

失血于杯中，笑猩猩嗜酒

失血于杯中，堪笑猩猩之嗜酒[1]；为巢于幕上[2]，可怜燕燕之偷安。

[1]猩猩之嗜酒：据《艺文类聚》引《蜀志》曰："封溪县有兽曰猩猩，……人知以酒取之，猩猩觉，初暂尝之，得其味甘而饮之，终见羁缨也。"比喻贪图一时享乐，使自己陷入危险之中。

[2] 为巢于幕上：在幕帘上筑造窝巢，比喻陷入危险的境地而不自知。据《左传》："夫子之在此也，犹燕之巢于幕上。"

【译文】

可笑的猩猩被人杀掉放血在杯子中，是因它嗜好那诱惑它上钩的美酒；可怜的燕子在幕帘上筑造巢穴，苟且偷安，看不到即将到来的危险。

至人常虚无，盛德多不矜

鹤立鸡群，可谓超然无侣矣。然进而观于大海之鹏，则渺然自小。又进而求之九霄之凤[1]，则巍乎莫及。所以至人常若无若虚，而盛德[2]多不矜不伐[3]也。

[1] 九霄之凤：翱翔在高空中的凤凰。九霄，天之极高处，高空。

[2] 盛德：崇高的品德，深厚的恩德。

[3] 不矜不伐：不居功自夸。不自以为了不起，不为自己吹嘘，不居功自傲。矜、伐，自夸自大的意思。

【译文】

鹤在鸡群中，可以说是卓越超群没有谁能比得上了。然而进一步看大海中的大鹏鸟，鹤就显得非常渺小了。再进一步与飞翔在高空中的凤凰相比，就更显得凤凰高远不可及了。所以品行高洁、品德修养高超的人常常非常谦虚，有崇高品德的人大多不会居功自傲、自以为是。

人心不可偏，心偏有为无

贪心胜者，逐兽而不见泰山在前，弹雀而不知深井在后；疑心胜者，见弓影而惊杯中之蛇，听人言而信市上之虎[1]。人心一偏，遂视有为无，造无作有。如此，心可妄动乎哉！

[1] 信市上之虎：大街上本来没有虎，但是人们传说有虎，传说的人多了，大家就信以为真。据《战国策·魏策》："夫市之无虎明矣，然而三人言而成虎。"形容任何事情经过多人传说，本来不存在的事情，人们也信以为真。

【译文】

贪心过盛的人，追逐野兽看不见泰山就在前面，弹射鸟雀不知道深井就在后面；疑心过盛的人，看见弓影就惊吓地以为是酒杯中的蛇，听到人言就相信街上有虎。心灵有了偏颇，就算是有也会当做没有，把没有当做有。这样看来，人心岂是能妄动的！

栽花少栽刺，积书少积货

多栽桃李少栽荆[1]，便是开条福路；不积诗书偏积货[2]，还如筑个祸基[3]。

[1] 少栽荆：荆，一种植物，荆与棘丛生容易阻塞道路。少栽荆，也就是说不要自己给自己增加困难与阻碍。

[2] 货：各种财物。

[3] 祸基：祸根。

【译文】

多栽种果实甜美的桃树与李树，少栽种带刺阻塞道路的荆棘，这就是为自己打通了一条通往幸福的道路；不积攒诗书偏积攒许多财物，这就是给自己打下了一个惹祸的根基。

大聪明之人，小事必朦胧

大聪明的人，小事必朦胧；大懵懂[1]的人，小事必伺察[2]。盖伺察乃懵懂之根，而朦胧正聪明之窟也。

[1] 懵懂：头脑不清楚，不能明辨事物。

[2] 伺察：侦察，观察。

【译文】

真正聪明的人，在小事上必然比较糊涂；真正糊涂的人，在小事上必然会仔细观察。在小事上用心是在大事上糊涂的根源，对小事不在意正是大聪明的根由。

众人忧乐情，君子忧乐理

众人以顺境为乐，而君子乐自逆境中来；众人以拂意[1]为忧，而君子忧从快意处起。盖众人忧乐以情，而君子忧乐以理[2]也。

[1] 拂意：不顺意，不顺心。

[2] 理：理智，理性。

【译文】

一般人都以处在顺境中高兴，可是君子却能从逆境中发现快乐；一般人因为遇到不顺心的事情而感到忧愁，可是君子的忧愁却是在事事称心如意的时候产生。这是因为一般人的快乐与忧愁是由自己的情感决定的，而君子的快乐与忧愁却是由理智决定的。

盖悔愧二字，能去恶迁善

谢豹覆面[1]，犹知自愧；唐鼠易肠[2]，犹知自悔。盖愧、悔二字，乃吾人去恶迁善之门，起死回生之路也。人生若无此念头，便是既死之寒灰，已枯之槁木矣，何处讨些生理[3]？

[1]谢豹覆面：谢豹，杜鹃别名，这里指一种小虫。唐代段成式《酉阳杂俎·虫篇》：“虢州有虫名谢豹，常在深土中，司马裴、沉子常治坑获之。小类虾蟆而圆如球，见人，以前两脚交覆首，如羞状。能穴地如鼢鼠，顷刻深数尺。或出地听谢豹鸟声，则脑裂而死，俗因名之。”

[2] 唐鼠易肠：唐鼠，鼠名。易，换、改变。《艺文类聚》引《梁州记》：“山有易肠鼠，一月三吐其肠。束广微所谓唐鼠者也。”

[3] 生理：生存的道理。

【译文】

谢豹看见人就遮住自己的脸，还知道惭愧；唐鼠换肠，还知道悔过。“悔”“愧”两个字，是我们弃恶从善的门，是我们起死回生的路。人生如果没有后悔与惭愧的念头，就成了冰冷的死灰、枯槁的朽木，从哪里找到生存的道理呢？

路窄留人行，味浓让人食

路径窄处，留一步与人行；滋味浓的，减三分让人食。此是涉世一极乐[1]法。

[1] 极乐：非常快乐。

【译文】

在道路狭窄的地方，留出一些地方让别人走；遇到滋味肥美可口的食物，要留出一些让给别人吃。这就是安身立命中一个让人安全快乐的方法。

宠利毋居前，德业毋落后

宠利[1]毋居人前，德业[2]毋落人后；受享毋逾分外[3]，修持[4]毋减分中[5]。

[1] 宠利：恩宠与利禄。

[2] 德业：德行与功业。

[3] 分外：本分以外。

[4] 修持：修身守道。

[5] 分中：分内。

【译文】

遇到与恩宠利禄有关的事情不要抢在别人前面，修养德行、建立功业不要落在别人后面；生活享受不要超出自己本分以外，修养身心、培养良好品德节操不要达不到自己分内应达到的水平。

处世让一步，待人宽一分

处世[1]让一步为高，退步即进步的张本[2]；待人宽一分是福，利人实利己的根基。

[1] 处世：待人接物，应付世情，与世人相处交往。

[2] 张本：准备，开始，为事态发展预先做的安排。

【译文】

为人处世知道让人一步道理的人是高明的人，退一步是为了将来进步做准备；对待别人宽厚真诚是福气，使别人得利是使自己获利的基础。

美名不独任，污名不全推

完美名节，不宜独任，分些与人，可以远害全身[1]；辱行污名，不宜全推，引些归己，可以韬光[2]养德[3]。

[1] 远害全身：远离祸事，保全自身。

[2] 韬光：敛藏光采，隐藏才华。韬，隐藏、隐蔽。

[3] 养德：修养德行。

【译文】

完美的名声和节操，不要一个人独占，分出来一些给别人，可以避开祸害保全自身；耻辱的行为和污秽的名声，不可以全部推给别人，自己也承担一部分，可以掩藏自己的才华，修养自己的德行。

处治世宜方，处乱世当圆

处治世[1]宜方[2]，处乱世[3]当圆[4]，处叔季之世[5]当方圆并用；待善人宜宽，待恶人宜严，待庸众之人宜宽严互存。

[1] 治世：指和平昌盛、国泰民安的太平盛世。

[2] 方：有棱角，这里指品行端正、坚持原则。

[3] 乱世：不太平的世界，与治世相对。

[4] 圆：没有棱角，圆通应变。

[5] 叔季之世：古时长少顺序按伯、仲、叔、季排列，叔季在兄弟中排在最后，比喻末世将乱的时代。据《左传》：“政衰为叔世”，“将亡为季世”。

【译文】

处在太平盛世中，为人处世宜坚持原则、刚正不阿。处在纷乱不太平的乱世中，应当圆通机变。处在国家政治衰微，将要走向衰亡纷乱的时候，应当既坚持原则又圆通机变。对待善良的人要宽容厚道，对待坏人要严厉，对待普通人要既严厉又宽容厚道。

念过而忘功，记恩而忘怨

我有功[1]于人不可念，而过[2]则不可不念；人有恩于我不可忘，而怨则不可不忘。

[1] 功：对人有恩惠、帮助过别人。

[2] 过：过错，过失。

【译文】

我有恩于人，不可以常常放在心上，我做了对不起别人的事情，不可以不放在心上；别人有恩于我，我不能忘记，别人做了对不起我的事情，我不能总是记在心中，要学会忘记。

为恶畏人知，恶中犹有善

为恶而畏人知，恶中犹有善路[1]；为善而急人知，善处即是恶根[2]。

[1] 善路：通向真善的道路。

[2] 恶根：邪恶、不善的根源。

【译文】

当一个人做了坏事怕别人知道时，这是在邪恶中还存有改过行善的良知；当一个人做了好事，急着要别人知道这件事情的时候，这就是在做善事中种下了邪恶的种子。

只逆来顺受，且居安思危

天之机缄[1]不测，抑[2]而伸、伸[3]而抑，皆是播弄[4]英雄、颠倒豪杰处。君子只是逆来顺受，居安思危，天亦无所用其伎俩矣。

[1] 机缄：机，开动。缄，封闭。机缄指机关开闭，推动事物发生变化的力量，也指气数、气运。

[2] 抑：压抑。

[3] 伸：伸展，舒展。

[4] 播弄：玩弄，捉弄。

【译文】

上天的机关变化神秘莫测，先使人陷入窘迫中，然后又使人称心如意，或者先使人得意然后又使人遭受挫折。这些都是上天故意摆布捉弄英雄豪杰的地方。一个品德高尚的君子，身处逆境时，坚持不屈不挠，以坚韧忍耐的态度应对挫折困苦，在平安时常想到危难有可能来临。这样上天也对他无可奈何，无法施展玩弄人的伎俩了。

宁守默毋躁，宁守拙毋巧

十语九中，未必称奇。一语不中，则愆尤[1]骈集[2]；十谋九成，未必归功。一谋不成，则訾议[3]丛兴。君子所以宁默毋躁，宁拙毋巧。

[1] 愆尤：过失，罪过。愆，罪过、过失。尤，过失、责怪、怨恨。

[2] 骈集：凑集、集合，接连而至。骈，两物并列、成双。

[3] 訾议：议论、指责别人。訾，诋毁、指责。

【译文】

十句话中有九句说对了，未必有人称赞，一句话说错了，各种指责就纷纷到来；十次计谋中有九次成功，也未必会使人觉得你有功劳，一个计谋失败，那么各种非议责难也就接连而至。所以君子宁可静默而不愿意冲动急躁，宁可笨拙一些也不自作聪明。

不责人小过，不发人阴私

不责人小过[1]，不发[2]人阴私[3]，不念人旧恶[4]；三者可以养德[5]，亦可以远害。

[1] 过：过错，失误。

[2] 发：揭露，揭发。

[3] 阴私：即隐私，生活中隐秘的事情。

[4] 旧恶：指从前的过错与失误。

[5] 养德：培养道德。

【译文】

不责怪别人的小过错，不揭发别人的隐私，不对别人从前的错误念念不忘；这样做既可以培养我们的道德品行，又可以使我们躲开祸患。

直节使人忌，无恶致人毁

曲意[1]而使人喜，不若直节[2]而使人忌；无善而致人誉，不如无恶而致人毁。

[1] 曲意：委屈自己的意志。违背自己的意愿。

[2] 直节：刚正不阿。

【译文】

违背自己的意愿，刻意去讨好别人，不如刚直不阿使别人忌恨；没有善行却无故得到别人的赞美，不如没有过错却遭到别人的毁谤。

毋偏信自任，毋炫耀忌能

毋偏信[1]，而为奸所欺；毋自任[2]，而为气[3]所使；毋以己之长，而形[4]人之短；毋因己之拙，而忌[5]人之能。

[1] 偏信：只相信一方，不全面了解问题。

[2] 自任：过于自信，刚愎自用。

[3] 气：一时意气。

[4] 形：对比，衬托。

[5] 忌：嫉妒，畏惧。

【译文】

不要相信别人的片面之词，要全面了解问题，以避免被奸诈小人欺骗；不要过于相信自己的能力，以避免被一时意气所支使；不要用自己的长处去衬托别人的短处；不要因为自己的笨拙而去嫉妒憎恶别人的才干。

且莫轻输心，应须谨防口

遇沉沉[1]不语之士，且莫输心[2]；见悻悻[3]自好之人，应须防口。

[1] 沉沉：表情阴郁的样子。

[2] 输心：付出真心。

[3] 悻悻：怨恨失意的样子。

【译文】

遇到表情阴郁不喜欢说话的人，不要轻易对他付出真心；遇到怨天尤人而又自以为是的人，要小心谨慎不和他说太多的话。

戒疏于虑者，警伤于察者

害人之心不可有，防人之心不可无，此戒疏[1]于虑者；宁受人之欺，毋逆[2]人之诈，此警伤于察[3]者。二语并存，精明浑厚矣。

[1] 疏：疏忽。

[2] 逆：事先揣测。

[3] 察：观察，这里指过于谨慎小心。

【译文】

“害人之心不可有，防人之心不可无”这句箴言是用来劝诫那些在和别人交往时不够细心、警觉性不够、对别人没有防范之心的人。“宁可受到别人的欺骗，也不要过于精细，对别人处处防范”，这句话是用来劝诫那些过于精细、对别人防范之心过多的人。这两句箴言并用，能使人既精明谨慎又浑厚纯朴。

毋私小伤大，毋借公快私

毋因群疑而阻独见，毋任己意而废人言；毋私小惠而伤大体，毋借公论以快[1]私情。

[1] 快：快乐，快意。

【译文】

不要因为大家都表示怀疑就放弃自己正确的意见，也不要一意孤行不听别人的意见；不要为了自己利益而对别人施以小恩小惠伤害大家利益，也不要因为自己的私人恩怨而借着社会公众舆论来发泄自己的不满情绪。

亲善不预扬，去恶不先发

善人未能急亲[1]，不宜预扬[2]，恐来谗谮[3]之奸；恶人未能轻去，不宜先发，恐招媒孽[4]之祸。

[1] 急亲：迫切和人亲近。

[2] 预扬：预先赞扬。

[3] 谗谮：恶意中伤与诽谤。

[4] 媒孽：制造事端诬陷陷害别人。

【译文】

遇到善良有德行的人不要迫切和他亲近结交，也不要预先赞扬他的美德。预先赞美他的美德恐怕会为他招来恶意的诽谤与中伤。和品行不端的人绝交，不能草率行事，也不能事先宣扬，以此来避免祸患。

功过不可混，恩仇勿太明

功过不宜少混，混则人怀惰隳[1]之心；恩仇不可太明，明则起携贰[2]之志。

[1] 惰隳：心灰意懒，堕落不振。

[2] 携贰：心怀贰心。

【译文】

功劳与过错不能有丝毫的混淆，如果混淆功劳与过错，就会使人灰心丧气、不愿意再勤奋努力；恩惠和仇恨不能表现得过于明显，如果表现得过于明显，就会使人产生怀疑猜忌之心而兴起反叛的想法。

恶显者祸浅，善显者功小

恶忌阴[1]，善忌阳[2]。故恶之显者祸浅，而隐者祸深；善之显者功小，而隐者功大。

[1] 阴：指事物的背面，不露出表面的、暗中的。

[2] 阳：指事物的正面，外露的、明显的。

【译文】

当一个人做了坏事，最怕的是把这件事情隐瞒起来。当一个人做了好事，最怕的是把这件事情宣扬出去。因为坏事被大家及早发现的，坏事所能造成的坏影响就小。如果坏事隐藏得很深，不被大家发现，那么坏事造成的祸害就很多。一个人做了好事到处宣扬，那么这件好事的价值就会变小。一个人做了好事并不宣扬自己，这件好事的价值就会更大一些。

贫不能济物，出言亦助人

士君子[1]贫不能济物[2]者，遇人痴迷[3]处，出一言提醒之；遇人急难处，出一言解救之，亦是无量功德。

[1] 士君子：有学问且品德高尚的人。

[2] 济物：用财物救济别人。

[3] 痴迷：迷惑不解。

[4] 功德：功业与德行。

【译文】

士君子们由于贫穷不能用财物救济帮助别人，当别人遇到问题不知道该怎么办的时候，从旁边指点提醒他；当别人遇到困难的时候，说几句话解救他，这也是很大的功德了。

作人须真恳，涉世须圆活

作人无一点真恳的念头，便成个花子[1]，事事皆虚；涉世无一段圆活[2]的机趣，便是个木人，处处有碍。

[1] 花子：无明称骗子为“花子”，这里指华而不实的人。

[2] 圆活：灵活机变。

【译文】

作人没有一点真心实意，就会像骗子一样，无论做什么事情都是虚浮不实；为人处世没有一点灵活机变，就像是一个没有生命的木头人一样呆头呆脑，无论做什么事情都会遇到障碍。

恩自淡而浓，威自严而宽

恩宜自淡而浓，先浓后淡者，人忘其惠；威[1]宜自严而宽，先宽后严者，人怨其酷。

[1] 威：威风，威严。

【译文】

施恩于他人，适宜于从淡到浓，逐渐增多。如果先浓后淡，先给别人大的恩惠，后来又逐渐减少，人们就会忘记你曾经给他们的恩惠。威严适宜于从严厉到宽舒，如果先宽松后严厉，人们就会埋怨你的严苛。

休与小人仇，休向君子媚

休与小人仇雠[1]，小人自有对头；休向君子谄媚，君子原无私惠。

[1] 仇雠：仇人，结仇。

【译文】

不要和小人结仇，小人自然会遇到对付他的人；不要奉承讨好君子，君子本来就是公正无私的。

用人不宜刻，交友不宜滥

用人不宜刻[1]，刻则思效者去；交友不宜滥[2]，滥则贡谀[3]者来。

[1] 刻：苛刻，严苛。

[2] 滥：不加选择，轻率随便。

[3] 贡谀：阿谀奉承。贡，贡献。谀，阿谀奉承。

【译文】

用人不能太苛刻，如果太苛刻就会使那些想为你效力的人纷纷离去；交朋友不能毫无选择地随便乱交，如果对朋友不加选择，那么就会招来阿谀奉承之辈。

朴鲁胜练达，疏狂胜曲谨

涉世[1]浅点染[2]亦浅，历事深机械[3]亦深。故君子与其练达，不若朴鲁[4]；与其曲谨[5]，不若疏狂[6]。

[1] 涉世：经历世事。

[2] 点染：浸染，熏染。这里指人们受社会风气影响。

[3] 机械：这里指人的心机与城府。

[4] 朴鲁：朴实，鲁莽。

[5] 曲谨：谨慎小心。

[6] 疏狂：不拘小节，豪放不羁。

【译文】

一个经历世事不深的人，受到社会不良风气的浸染也就少。在社会上阅历丰富的人，经过的事情多了，城府心机也就变得深重了。所以说君子与其圆滑练达地处世，还不如保持自己纯朴的本质；与其处处谨慎小心，还不如豁达豪放一些。

风斜雨急处，要立得脚定

风斜雨急[1]处，要立得脚定；花浓柳艳[2]处，要着得眼高；路危径险[3]处，要回得头早。

[1] 风斜雨急：风雨本是自然界现象，这里用来比喻人世沧桑变化。

[2] 花浓柳艳：古人常用花柳形容美女。

[3] 路危径险：世路危险。

【译文】

在疾风暴雨中，要能站稳脚跟；在花浓柳艳的繁华场所，能保持眼界高远；在道路危险难行的时候，能够及早回头。

受一时寂寞，毋万古凄凉

栖守道德[1]者，寂寞一时；依阿[2]权势者，凄凉万古。达人[3]观物外之物[4]，思身后之身[5]，宁受一时之寂寞，毋[6]取万古之凄凉。

[1] 道德：人们应共同遵守的准则和规范。

[2] 依阿：违背自己的意愿曲意顺从依附于别人。“阿”与“依”同义，都是依附、迎合的意思。

[3] 达人：通情达理，豁达明智的人。

[4] 物外之物：现实世界以外的事物，即超越于现实物质世界的精神世界。

[5] 身后之身：指人死后的个人名誉等事情。

[6] 毋：不要。

【译文】

坚守道德节操的人，会感到一时的寂寞；曲意逢迎、依附于权势的人，却会永久凄凉。豁达明智的人能够超越现在、看到自己死后的事情，宁肯忍受一时的寂寞，也不愿意遭受永久的凄凉。

当藏巧于拙，须寓清于浊

藏巧于拙，用晦而明；寓清于浊，以屈为伸。真涉世之一壶[1]、藏身之三窟[2]也。

[1] 一壶：即一壶天，道家传说壶中别有天地，因此常以“一壶”比喻宇宙或仙境。

[2] 三窟：即狡兔三窟，比喻藏身救命的地方很多。据《战国策·齐策》：“狡兔有三窟，仅得免其死耳。今君有一窟，未得高枕而卧也，请为君复凿二窟。”

【译文】

把智巧隐藏在笨拙之中，平时不使人知道自己的智巧，使用时智巧才显现出来；在污浊混杂的环境中保持清廉高洁的品性，以退为进。这才是安身立命、保全自身的处世法宝。

经世篇

启人因其明，移风因其易

善启迪[1]人心者，当因其所明而渐通之，勿强开其所闭；善移风化[2]者，当因其所易而渐及之，毋轻矫其所难。

[1] 启迪：启发。

[2] 风化：教育感化。

【译文】

善于启发人心的人，能够借助对方心中已经明白的地方渐渐开导他，不会强迫对方接受他一时还不明白的道理；善于教育感化人的人，能够从容易的地方下手逐渐使对方改变，不会轻易就要改变其中难以变化的地方。

随时善救时，混俗能脱俗

随时[1]之内善救时，若和风之清酷暑；混俗[2]之中能脱俗，似淡月之映轻云。

[1] 随时：顺应时势，顺应潮流。

[2] 混俗：混同于世俗之中。

【译文】

在顺应潮流的时候，善于抓住时机改正时势的弊端，就像是和风能消除酷暑；混同在世俗之中又善于超脱世俗，就好比是淡月映衬轻云，清新脱俗。

世事力担当，又要善摆脱

宇宙内事，要力担当，又要善摆脱。不担当，则无经世[1]之事业[2]；不摆脱，则无出世之襟期[3]。

[1] 经世：长留人世。

[2] 事业：功业。

[3] 襟期：胸怀，情怀。

【译文】

天下的事情，要敢于承担负责，也要善于洒脱地放下牵绊。不勇于承担，就难有历经世事考验的功业，不善于洒脱地放下牵绊，就难有遗世而独立的胸怀。

思林下风味，权势念自轻

仕途[1]虽赫奕[2]，常思林下[3]的风味，则权势之念自轻；世途虽纷华[4]，常思泉下[5]的光景[6]，则利欲之心自淡。

[1] 仕途：当官的路途。

[2] 赫奕：声名显赫。

[3] 林下：以幽静的林下喻指隐居之所。

[4] 纷华：繁华。

[5] 泉下：九泉之下，指死亡。

[6] 光景：时光。

【译文】

当官的路途虽异常显赫，若能常回想退隐林下的趣味，那么权宜苟且的念头就自然而然地减轻了；世间的路途虽异常繁华，若能常常想到死后不过一抔黄土，那么贪图荣华富贵的欲望自然而然也就淡了。

因势利导之，救时应变法

解斗者，助之以威则怒气自平；惩贪者，济之以欲则利心反淡。所谓因其势而利导之，亦救时应变一权宜法[1]也。

[1] 权宜法：顺应形式变化而采取的暂时适用的办法。

【译文】

劝解争斗的时候，给争斗的人助威加油，他们的怒气自然会平息；惩戒贪婪的人，送他们想要的东西给他们，这样一来他们的利欲之心反而会减淡。这就是所谓的顺应事物本身发展趋势，引导其向正确的方向发展。这也是一个救治时势弊端的灵活变通的方法。

救败慎策鞭，图成不停棹

救既败之事者，如驭临崖之马，休轻策一鞭；图垂成之功者，如挽[1]上滩之舟[2]，莫少停一棹[3]。

[1] 挽：拉，牵引。

[2] 上滩之舟：上了浅滩的船。

[3] 棹（zhào）：桨。

【译文】

挽回那些已成败局的事情，如同驾驭临近悬崖边上的烈马，不能轻易地给马再加一鞭，否则会促使它更快地坠落悬崖，不可挽救。谋求快要成就的功业，如同要将上了浅滩的船倒回深水之中，必须一鼓作气，一桨都不能停划，否则将功败垂成。

如沤生大海，如影灭长空

物莫大于天地日月，而子美[1]云：“日月笼中鸟，乾坤水上萍。”事莫大于揖逊[2]征诛[3]，而康节[4]云：“唐虞揖逊三杯酒，汤武征诛一局棋[5]。”人能以此胸襟眼界吞吐六合[6]，上下千古，事来如沤[7]生大海，事去如影灭长空，自经纶万变而不动一尘矣。

[1] 子美：唐代诗人杜甫（721—770 年）的字。

[2] 揖逊：让位给贤者。

[3] 征诛：以武力征讨夺取政权。

[4] 康节：邵雍，字尧夫，谥康节。宋代共城（今河南辉县）人，易学家。

[5] 三杯酒、一局棋：皆喻事情寻常容易。

[6] 六合：上下四方，指天地间。

[7] 沤：水泡。

【译文】

天下之物没有比天地日月还要大的，可是唐代诗人杜甫却说：“日月像笼中的小鸟，天地也仅是水面上的浮萍而已。”天下之事没有比拱手把政权让给贤者或以武力夺取政权还要大的，但是北宋哲学家邵雍却说：“唐尧让位给虞舜只是像喝三杯酒那样微不足道，周武王征伐商纣仅是像下一局棋那样寻常容易。”人们如果能以这样的胸怀和眼界来纵观天下万物，评论古今之事，事情到来就像水泡生成于大海，事情过去就如影子消失在天空。这样，自然能做到处理各种各样的纷繁变故而内心从容镇定。

不贪钩下饵，能解笼中囮

糟糠不为彘[1]肥，何事[2]偏贪钩下饵？锦绮[3]岂因牺[4]贵，谁人能解笼中囮[5]？

[1] 彘（zhì）：猪。

[2] 何事：为什么。

[3] 锦绮：有彩色花纹的丝织品。

[4] 牺：用于祭祀的的牲畜。

[5] 囮（é）：鸟媒，经过驯服后的用于引诱野鸟以便捕捉的鸟。

【译文】

糟糠连猪都喂不肥，根本不好吃又没有营养价值，用来做诱饵却偏偏总能够引鱼吞钩；那种漂亮的丝织品其实并不是因为用了纯色的鸟羽才显得珍贵，人们却总是喜欢以拥有这样的东西而夸耀，又有谁顾及捕鸟人的笼子里用来招引其他鸟儿的那只鸟的感受呢？

志士勇奋翼，达人早回头

芝草[1]无根醴[2]无源，志士当勇奋翼；彩云易散琉璃脆，达人当早回头。

[1] 芝草：灵芝，古人认为灵芝是瑞草。

[2] 醴：甜美的泉水。

【译文】

灵芝没有根，甘泉没有源头，有远大志向的人应当奋勇向前，积极进取；彩云容易消散，琉璃容易破碎，豁达有智慧的人应当及早回头。

少壮当用意，衰老宜忘情

少壮者当事事用意而意反轻，徒泛泛作水中凫[1]而已，何以振云霄之翮[2]？衰老者宜事事忘情而情反重，徒碌碌为辕下驹[3]而已，何以脱缰锁之身？

[1] 凫：水鸟，俗称野鸭子。

[2] 翮：羽茎，鸟的翅膀。

[3] 辕下驹：车辕下的小马驹，小马不善于驾车，形容人局促不大方的样子。

【译文】

正当年富力强的时候，应当认真对待每一件事情，却反而事事漫不经心，就像浮在水面上的野鸭子一样，这样怎么能展翅高飞呢？衰老的人应对每件事情都放得下，却反而事事更加执着，就像那车辕下的小马驹一样，这样怎么能摆脱自己身上的束缚呢？

饮酒莫酩酊，看花勿离披

帆只扬五分，船便安；水只注五分，器便稳。如韩信[1]以勇略震主被擒，陆机[2]以才名冠世见杀，霍光[3]败于权势逼君，石崇[4]死于财赋敌国，皆以十分取败者也。康节[5]云："饮酒莫教成酩酊，看花慎勿至离披[6]。"旨哉言乎[7]！

[1] 韩信：秦末淮阴人，与萧何、张良并称"汉兴三杰"。初从项羽，后归刘邦，封楚王。后被刘邦以谋反罪降为淮阴侯，最终被吕后所杀。

[2] 陆机：字士衡，西晋吴郡人，以文才名噪一时。后事成都王司马颖，曾官平原内史、后将军、河北大都督，后因战败受谮，为司马颖所杀。

[3] 霍光：字子孟，汉河东平阳人。武帝时为奉车都尉，在朝小心谨慎，出入宫廷二十余年，未尝有过。武帝死后，霍光秉政二十余年，族党满朝，权倾内外。宣帝亲政后，收霍氏兵权，并以谋反罪夷其族。

[4] 石崇：晋南皮人，字季伦。历任散骑常侍、荆州刺史等职，尝劫远使商客致富，于河阳置金谷园，奢靡无度，家财敌与国库比。后为人所谮，被赵王司马伦杀害。敌：相匹敌，抗衡。

[5] 康节：邵雍，字尧夫。康节是朝廷赐给他的谥号。宋代的著名学者，中国占卜界的主要代表人物、象数派易学的代表人物。

[6] 离披：散乱的样子。

[7] 旨哉言乎：意味深远之言。

【译文】

风帆只要扬起二分之一，船就能稳稳地航行。水只要注入二分之一，容器就能稳定。这就如：韩信因为勇猛和谋略并济，招来刘邦的猜忌而被杀害；陆机因为才华横溢，名噪一时，受人谗毁被杀；霍光因为权势之大使君主觉得受到了威胁而在死后被诛灭九族；石崇因为富可敌国而死于赵王司马伦之手。他们都是因为达到了极限才导致败亡的。邵雍说："喝酒不能喝得酩酊大醉，看花不要看得神情散乱。"这真是金玉良言啊！

以势利害人，以势利自毙

附势者如寄生依木，木伐而寄生亦枯；窃利者如蛊虰[1]盗人，人死而蛊虰亦灭。始以势利害人，终以势利自毙。势利之为害也，如是夫！

[1] 蛊虰（dīng）：人肠内的寄生虫。

【译文】

依附权势的人就像依附树木而长的寄生藤蔓一样，树木砍伐后寄生藤蔓也必然枯萎；贪求财利的人就像营虹吸食人的营养，人死后营虹也必然灭亡。开始时以权势与财利损害他人，最终以权势与财利自取灭亡。权势与财利对人的危害，就是这样的啊！

知处阴敛翼，巉岩亦坦途

鸽恶铃而高飞，不知敛翼而铃自息；人恶[1]影而疾走，不知处阴而影自灭。故愚夫徒疾走高飞，而平地反为苦海；达士知处阴敛翼，而巉[2]岩亦是坦途。

[1] 恶：厌恶。

[2] 巉（chán）岩：险峻的山崖。巉，高峻险要的样子。

【译文】

鸽子因为讨厌自己身上的铃声而高飞，不知道只要收起翅膀不动那铃声自然就会消失；人讨厌自己的影子而快走，却不知道只要到了阴暗的地方影子就会消失了。所以愚蠢的人只是一味徒劳地盲目行动，那原本平坦的道路反而成了无边的苦海；通达的人知道身居阴处影自灭、收敛翅膀铃自息，那么险峻的山崖也能变成平坦大道。

矜消盖世功，改补弥天过

盖世的功劳，当不得一个“矜”字；弥天[1]的罪过，当不得一个“改”字。

[1] 弥天：满天，形容极其大。

【译文】

盖世的功劳，由一个“矜”字所抵消；极大的罪过，由一个“改”字得以弥补。

居轩冕之中，有山林之气

居轩冕[1]之中，不可无山林的气味；处林泉之下，须要怀廓庙的经纶[2]。

[1] 轩冕：古时大夫以上官员的车乘和冕服。古时大夫以上的官吏，每当出门时都要穿礼服坐马车，马车就是轩，礼服就是冕，此喻高官。

[2] 经纶：比喻抱负。

【译文】

身居显要官位的人，不可以不保持一种隐居山林淡泊名利的情趣；隐居在田园山林之中，也应该有胸怀天下治理国家的壮志和理想。

无过便是功，无怨便是德

处世不必邀[1]功，无过便是功；与人[2]不要感德[3]，无怨便是德。

[1] 邀：求取。

[2] 与人：施恩于人。

[3] 感德：感激他人恩德。

【译文】

为人处世不必想方设法去争取功劳，其实只要没有过失就算是有功劳；帮助他人不必希望对方感恩戴德，只要对方不怨恨就算有恩德了。

事穷原初心，功成观末路

事穷势蹙[1]之人，当原其初心；功成行满[2]之士，要观其末路[3]。

[1] 势蹙：势态紧迫。意指穷途末路。

[2] 功成行满：事业有所成就，一切都如意圆满。

[3] 末路：路的终点。

【译文】

对于一个事业遭受失败、事事不顺心的人，应该体谅他原本奋发上进的初衷而不是责备他；对于一个事业成功而感到功成名就的人，要观察他是否能持之以恒，有个好的结局。

富贵宜宽厚，聪明宜敛藏

富贵家宜宽厚而反忌克[1]，是富贵而贫贱其行，如何能享？聪明人宜敛藏[2]而反炫耀，是聪明而愚懵[3]其病，如何不败?

[1] 忌刻：刻薄不厚道。忌，猜疑、嫉妒。刻，刻薄。

[2] 敛藏：隐藏起来。敛，收，敛束。

[3] 懵：心神迷乱，无知。

【译文】

一个富贵的人家应当待人宽厚却反而刻薄待人，这是身居富贵却以贫贱的行动为人处世，如何能享有长久富贵？聪明的人本来应当收敛自己的才华却反而时时炫耀自己，这是聪明人却带有糊涂无知的毛病，怎么能不失败呢?

退一步之法，让三分之功

人情反覆[1]，世路崎岖。行不去，须知退一步之法；行得去，务加让三分之功。

[1] 人情反覆：是指人的情绪欲望，反复变化无常。

【译文】

人世间的人情冷暖是变化无常的，人生的道路是崎岖不平的。因此当你遇到困难走不通时，必须明白退一步的为人之道；当你事业一帆风顺时，一定要有谦让三分的胸襟和美德。

待小人不恶，待君子有礼

待小人[1]不难于严，而难于不恶[2]；待君子不难于恭，而难于有礼。

[1] 小人：泛指无知的人，此处指品行不端的坏人。

[2] 恶：憎恨。《论语·里仁》：“惟仁者能好人能恶人。”

【译文】

对待道德品行不端的小人，抱严厉的态度并不困难，困难的是内心不憎恨他们；对待品德高尚的君子，做到态度恭谨并不困难，困难的是做到真正发自内心的彬彬有礼。

读书见圣贤，居官爱子民

读书不见圣贤，如铅椠佣[1]；居官不爱子民，如衣冠盗[2]；讲学不尚躬行，如口头禅；立业不思种德，如眼前花。

[1] 铅椠（qiàn）佣：抄写匠。铅，铅粉笔，指古人蘸铅粉点校或抄写文字之笔。椠，用以写字的木板。佣，雇来工作的人。

[2] 衣冠盗：偷窃俸禄的官吏。

【译文】

读书只知一味背诵文句，而不去研究古圣先贤的思想精义，最多只能成为一个写字匠；做官如果不爱护人民，每天只知道领取国家的丰厚俸禄，那就像一个穿着官服戴着官帽的强盗。只知研究学问却不注重身体力行，那就像一个不懂佛理只会吟经的和尚；事业成功以后却不想为后人积一些阴德，那就像一朵艳丽却很快就凋谢的昙花。

祸起于玩忽，功败于细微

酷烈之祸，多起于玩忽[1]之人；盛满之功，常败于细微之事。故语云："人人道好，须防一人着恼；事事有功，须防一事不终。"

[1] 玩忽：不认真对待。

【译文】

那些严酷惨烈的灾祸，大多是因为不认真对待而发生的；那些看起来盛大圆满的功业，常常败坏在琐细微小的事情上而前功尽弃。所以古人说："人人都说好的时候，必须防备有一个人感到不满；事事都有功的时候，必须防止有一件事不能善始善终。"

君子立好言，君子行好事

春至时和[1]，花尚铺一段好色[2]，鸟且啭[3]几句好音。士君子幸列头角[4]，复遇温饱，不思立好言，行好事，虽是在世百年，恰似未生一日。

[1] 时和：气候和暖。

[2] 好色：美景。

[3] 啭：鸟的叫声，发出宛转悠扬声。

[4] 头角：指气象峥嵘，比喻才华出众。有崭露头角的意思。

【译文】

当春天到来时阳光拂照气候和暖，就连花草树木也争奇斗艳，给大地铺上一层美丽的景色，甚至连飞鸟也懂得在这春光明媚的大自然中唱出几句宛转悠扬的歌声。一个有才华的士君子假如侥幸出人头地身居高位，酒足饭饱过上豪华的生活，却不想为后世子孙挥写下几部不朽名著，做一些有益于世人的事，那他即使活到一百岁的高寿也如同一天都没活过。

愿种德施惠，勿贪权市宠

平民肯种德[1]施惠，便是无位的卿相[2]；士夫[3]徒贪权市宠[4]，竟成有爵的乞人。

[1] 种德：积德行善。

[2] 卿相：执政的大臣，公卿将相等。

[3] 士夫：士大夫。

[4] 贪权市宠：贪求权力，博取别人的喜爱或恩宠。市：买卖的意思。

【译文】

一个平民老百姓如果愿意尽自己的能力广积恩德广施恩惠，他虽然没有公卿相国的名位，却同样受到世人景仰；那些有高官厚禄的士大夫们如果只是一味地争夺权势贪恋名声，虽然有着公卿爵位，却像一个讨饭的乞丐一样可悲。

敦旧扶公议，谨庸种阴德

市[1]私恩，不如扶公议[2]；结新知，不如敦[3]旧好；立荣名，不如种阴德；尚奇节，不如谨庸行[4]。

[1] 市：买卖。

[2] 扶公议：公议是社会舆论；扶是扶持。

[3] 敦：厚，这里指加深。

[4] 庸行：平常行为。

【译文】

一个人与其收买人心而施恩惠给别人，那还不如以光明磊落的态度去争取社会大众的舆论；一个人与其结交很多不能劝善规过的新朋友，倒不如加深一下跟老朋友之间的情谊；一个人与其沽名钓誉、想法提高知名度，倒不如悄悄在暗中积一些阴德；一个人与其标新立异去显示名节，倒不如平日谨言慎行多做一些平凡无奇的好事。

不犯公正论，不走权门窦

公平正论不可犯[1]手，一犯手则贻羞万世；权门私窦[2]不可著脚[3]，一著脚则玷污[4]终身。

[1] 犯手：触犯、违犯。

[2] 私窦：窦是储藏粮食的窖，壁间的小门也叫窦。私窦就是私门，即走后门。

[3] 著脚：踏进去。

[4] 玷污：指美誉受污损。

【译文】

凡是社会大众所公认的规范和法律绝对不可以触犯，一旦不小心或故意触犯了，你就会遗臭万年；凡是权贵营私舞弊的地方，千万不可踏进一步，万一不小心或故意走进去，那你清白的人格就一辈子也洗刷不清。

当锄奸杜幸，须留他去路

锄奸杜[1]幸[2]，要放他一条去路。若使之一无所容，便如塞鼠穴者，一切去路都塞尽，则一切好物都咬破矣。

[1] 杜：杜绝，制止。

[2] 幸：奸佞。

【译文】

铲除奸诈凶恶的人，要给他们留下一条活路。如果使他们毫无生路，就像堵塞老鼠洞那样，把老鼠洞的所有出路都堵住了，老鼠就会把一切完好的东西都咬坏，奸诈凶恶之辈也会极力做坏事，把一切好东西都破坏掉。

事业随身毁，精神万古新

事业文章，随身销毁，而精神万古如新；功名富贵，逐世转移，而气节千载一时。君子信不以彼易[1]此也。

[1] 易：交换，替换。

【译文】

当人死后，事业与文章都随着人肉身的死亡而消亡，而高尚的精神却能万古如新。功名富贵都随着时代的变迁而转移，而忠贞爱国的气节却经历千年如一日，不会发生改变。君子确实不会因贪图事业文章与功名富贵而丧失高尚的精神与气节。

谢世于盛时，居身于独后

谢世[1]当谢于正盛之时，身宜居于独后[2]之地；德须谨于至微之事，恩务施于不报之人。

[1] 谢世：辞官隐退。

[2] 独后：与世无争，自己甘当最后。

【译文】

辞官隐退应当在事业兴盛、官运亨通的时候；平时处身应当选在一个与世无争的幽静之所；谨慎修炼自己的德行，哪怕只是细小的事情；施予恩惠，一定要包括那些不报恩德的人。

建功多虚圆，失机必执拗

建功立业者，多虚圆[1]之士，偾事[2]失机者，必执拗之人。

[1] 虚圆：谦虚谨慎、圆通机变。

[2] 偾事：败事。据《礼记·大学》："一家仁，一国兴仁；一家让，一国兴让；一人贪戾，一国作乱，其机如此。此谓一言偾事，一人定国。"

【译文】

凡是能够建立功业成就功勋的人，多是谦虚圆滑灵活应变的人，凡是惹事生非遇事坐失良机的人，一定是那种性格执拗骄傲自满的人。

畏大无逸心，畏小无横名

大人[1]不可不畏，畏大人则无放逸之心；小民亦不可不畏，畏小民则无豪横之名。

[1] 大人：有道德声望的人。据《论语·季氏》："畏大人。注：'大人，圣人也。"或指有官位的人。

【译文】

对于有高深道德修养的人不可不抱有敬畏的态度，因为敬畏有道德有名望的人就不会有放纵安逸的想法；对于平民百姓也不可不抱有敬畏的态度，因为敬畏平民百姓就不会有豪强蛮横的恶名。

径路窄退步，滋味短清淡

争先[1]的径路窄，退后一步自宽平一步；浓艳的滋味短，清淡一分自悠长一分。

[1] 争先：争强好胜。

【译文】

与人争强好胜时就会觉得道路狭窄，如果能够退后一步让人先行，自然会觉得道路宽广很多；追求浓艳华丽而享受到的滋味是短暂的，如果能清淡一分，自然会觉得滋味更加悠长。

进步思退步，着手图放手

进步处便思退步，庶免触藩之[1]祸；着手时先图放手，才脱骑虎之势[2]。

[1] 触藩：形容进退两难。在《易经》中有“羝羊触藩，不能退，不能遂”（遂，即前进）之句。

[2] 骑虎之势：骑虎难下，形容做事不能停下。

【译文】

在事情发展顺利的时候，应当考虑以后引退的事情，以避免将来像羊角夹在篱笆中，不能前进也不能后退，陷入进退两难的窘境；开始一件事情的时候，就先考虑好什么时候放手不做，这样才能避免骑虎难下的危险。

世态倏忽变，不宜认太真

人情世态倏忽[1]万端，不宜认得太真。尧夫[2]曰："昔日所云我，今朝却是伊。不知今日我，又属后来谁？"人常作是观，便可解却胸中罥[3]矣。

[1] 倏忽：形容极其短的时间。

[2] 尧夫：邵雍，字尧夫，北宋理学家。

[3] 罥（juàn）：捕捉鸟兽的网，这里有牵挂、心结的意思。

【译文】

人情世态是瞬息万变的，所以不宜对任何事情都过于执着认真。邵雍说："以前说的我，现在却成了他。不知道今天的我，将来又会变成什么样？"人如果能够经常这样看待世界，那么就能消除很多烦恼了。

近势利不染，知智巧不用

势利[1]纷华[2]，不近者为洁，近之而不染者为尤洁；智巧机械[3]，不知者为高，知之而不用者为尤高。

[1] 势利：权势和财利，《汉书·张耳陈余传》说："势利之交，古人羞之。"

[2] 纷华：富丽堂皇。

[3] 智械机巧：用心计，使权谋。

【译文】

面对世间势利繁华，不去接近的人是志向高洁的，而接近了却又能不为之所动的人，品格更为高尚；面对权谋术数，浑然不知的人固然是高尚的，而懂得了却不去用的人，才更加高尚可贵。

燠趋寒则弃，人情之通患

饥则附，饱则扬；燠[1]则趋，寒则弃，人情通患[2]也。

[1] 燠（yù）：温暖，此形容富贵人家。《说文》：“燠，热在中也。”
[2] 患：毛病。柳宗元《愈膏肓疾赋》：“愈膏肓之患难。”

【译文】

穷困饥饿时就去投靠人家，富裕饱足时就远走高飞，遇到有钱的人家时就去巴结，当人家衰败贫穷时就掉头鄙弃，这是一般人都会有的人情通病。

闻牧唱樵歌，述嘉言懿行

交市人，不如友山翁；谒朱门[1]，不如亲白屋[2]；听街谈巷语，不如闻牧唱樵歌；谈今人失德过差[3]，不如述古人嘉言懿行[4]。

[1] 朱门：比喻富贵之家。杜甫诗：“朱门酒肉臭，路有冻死骨。”
[2] 白屋：贫穷人家住的地方。借指平民、寒士。
[3] 过差：错误的行为。
[4] 懿行：善行。

【译文】

交一个市井凡俗的朋友，不如同一个山野老翁做朋友；与其去拜谒达官贵人，还不如亲近普通的平民百姓；谈论街头巷尾的是是非非，还不如多听听樵夫的民谣和牧童的山歌；与其议论现代人违背道德的行为和过失的举动，还不如多讲述一些古代圣贤的嘉言善行。

人奉不必喜，人侮不须怒

我贵而人奉[1]之，奉此峨冠大带[2]也；我贱而人侮之，侮此布衣草履也。然则原非奉我，我胡为喜？原非侮我，我胡为怒？

[1] 奉：奉承。

[2] 峨冠大带：高冠大带，古代高官重臣的装饰。峨冠，高冠。大带，古代贵族礼服用带，有革带、大带之分。大带加于革带之上，用料为素或练。《礼记·玉藻》："大夫大带四寸。"

【译文】

我显贵发达了别人奉承我，奉承的是我身上的高冠大带；我落魄贫困了别人侮辱我，侮辱的是我身上的布衣草鞋。如此看来别人本来就不是在奉承我，我为什么要高兴呢？本来就不是在侮辱我，我为什么要生气呢？

无事宜寂寂，有事宜惺惺

无事时心易昏昧[1]，宜寂寂而照以惺惺[2]；有事时心易奔驰，宜惺惺而主以寂寂[3]。

[1] 昏昧：愚昧不明事理。

[2] 惺惺：聪明，机警。刘基《醒斋铭》："昭昭生于惺惺，而愦愦出于冥冥。"

[3] 寂寂：安静、沉静。《乐府杂录》："广场寂寂，若无一人。"

【译文】

人在闲居无事时，心思最容易陷入昏沉迷乱的状态，这时应该在平静中保持自己的机警；人在有事忙碌时，感情最容易陷入急躁忙乱的冲动状态，这时应该在机警中保持冷静的头脑。

谗夫之毁士，如寸云蔽日

谗夫毁士，如寸云蔽日，不久自明；媚子谀人[1]，似隙风[2]侵肌，无疾亦损[3]。

[1] 媚子：阿谀逢迎他人的人。谀人：谄媚曲意奉承他人的人。

[2] 隙风：从门窗、墙壁的小孔吹进的风。

[3] 损：伤害。

【译文】

那些喜好搬弄是非的人对德行君子的污蔑诽谤，就如同点点浮云遮住了太阳一般，只要风吹云散太阳自然重现光明；而那些喜好阿谀奉承去巴结别人的人，就如同门缝中吹进的邪风侵害肌肤，使人们在不知不觉中受到伤害。

盈满勿再加，危急勿再搦

居盈[1]满者，如水之将溢未溢，切忌再加上一滴；处危急者，如木之将折未折，切忌再加一搦[2]。

[1] 盈：充满。《诗经·小雅·楚茨》：“我仓既盈。”

[2] 搦（nuò）：压制。左思《魏都赋》：“搦秦起赵”。

【译文】

当一个人的权力达到鼎盛的时候，就像已经装满水的水缸一样，这时千万不能再加入一滴否则就会立刻流出来；当一个人处在危险急迫的状况时，就像树木将要折断却还未折断的时候，千万不能再施加一点压力，否则就会有当即折断的危险。

居官人难见，居乡人易见

士大夫居官，不可竿牍[1]无节，要使人难见，以杜幸端[2]；居乡，不可崖岸[3]太高，要使人易见，以敦[4]旧好。

[1] 竿牍：书信。

[2] 幸端：侥幸求进的门路。

[3] 崖岸：山崖堤岸，比喻高傲，不可亲近。

[4] 敦：敦厚。

【译文】

读书人做了官以后，对别人的求情求荐书信不可无节制地回复，要让那些求职的人难以见到自己，以便防范那些投机取巧奔走钻营的人；辞官归隐田园乡村之后，要放下自己的官架子，不能表现出令人难以接近的清高自傲，要态度平和使人容易接近相处，才能和乡间的亲邻旧友保持和睦的感情。

中材多猜疑，事事难下手

至人[1]何思何虑，愚人不识不知，可与论学，亦可与建功。唯中才之人，多一番思虑智识，便多一番臆度[2]猜疑，事事难于下手。

[1] 至人：指智慧与道德都尽善尽美的人。据《庄子·天下》篇："不离于真，谓之至人。"

[2] 度：推测，揣摩。

【译文】

智慧与道德都完美无缺的人，对于任何事情都无忧无虑。愚鲁的人知道的不多，心中的想法也少。这两种人可以和他们讨论学习，也可以和他们一起建立功业。唯有那些才干中等的人，智慧不高不低，遇到事情考虑思谋得多，猜疑揣摩得也多，所以每件事情都难以下手做好。

伏久飞必高，开先谢必早

伏久者飞必高，开先者谢必早。知此，可以免蹭蹬[1]之忧，可以消躁急之念。

[1] 蹭蹬：失势不得志的意思。木华《海赋》："或乃蹭蹬穷波，陆死盐田。"盐田，指海边。

【译文】

蛰伏很久的鸟，一旦飞起来势必会飞得很高，开得越早的花木，盛开过后也必然凋谢得越快。人只要能明白这些道理，不仅可以免除失势不得志的忧虑，也可以消除急躁求成的念头。

造物之钓饵，人世之机阱

非分之福，无故之获，非造物[1]之钓饵，即人世之机阱[2]。此处着眼不高，鲜不堕彼术中[3]矣。

[1] 造物：大自然。语出《庄子·大宗师》："伟哉！夫造物者，将以予为此拘拘也。"

[2] 机阱：机关陷阱，这里用来比喻害人的圈套。阱：为防御或捕捉野兽或敌人而挖的坑。《汉书·谷永传》："又以掖庭狱大为乱阱。"

[3] 术中：计略之中。《史记·苏秦张仪列传》："此吾在术中而不悟，吾不及苏君明矣。"

【译文】

不是自己分内所应享受的福气，无缘无故得到的意外收获，即使它们不是上天故意用来诱惑你的诱饵，也必然是别人用来诈骗故意设下的机关陷阱。为人处世如果不在这些地方睁大眼睛，就很难能逃得过歹徒精心设下的圈套。

事则起害生，以无事为福

一事起则一害生，故天下常以无事为福。读前人[1]诗云："劝君莫话封侯事，一将功成万骨枯。"又云："天下常令万事平，匣中[2]不惜千年死。"虽有雄心猛气，不觉化为冰霰[3]矣。

[1] 前人：指唐代诗人曹松，舒州人，字梦征。年七十余中进士。

[2] 匣中：藏在匣中的意思。

[3] 冰霰：下雪前或下雪时降落的白色小冰粒。

【译文】

有一件事兴起就会有一个祸害产生，所以天下常常以没有事情为福。读前人曹松的诗说："我奉劝诸君还是不要谈论封侯的事情了，因为一员大将的战功是由无数人的尸骨堆成的。"古人还说："使天下永远太平无事，把各种兵器都收藏起来。"读完这些诗句，虽然有雄心壮志，也在不知不觉中都化成冰雪了。

爵不笼无欲，鼎不加远引

龙可豢[1]，非真龙；虎可搏，非真虎。故爵禄可饵[2]荣进之辈[3]，必不可笼[4]淡然无欲之人；鼎镬[5]可及宠利之流[6]，必不可加飘然远引之士[7]。

[1] 豢（huàn）：喂养。

[2] 饵：诱惑。

[3] 荣进之辈：追求荣华富贵的人。

[4] 笼：装入笼中，比喻用荣华富贵笼络束缚人。

[5] 鼎镬（huò）：两种烹调的器物，鼎有足，镬无足。古代酷刑，用鼎镬烹煮人。

[6] 宠利之流：追求恩宠利禄的人。

[7] 飘然远引之士：超脱世俗，不追求名利的人。

【译文】

龙如果可以喂养，那就不是真正的龙；虎如果可以被人轻易捕获，那就不是真正的虎。所以名利可以引诱贪图名利的人，必然不能笼络淡然无欲、不追求名利的人；鼎镬之祸可以落到那些追求恩宠利禄的人身上，必然不能加害那些超脱俗世、不追求名利的人。

争高得还失，忙过寿亦夭

一场闲富贵，狠狠争来，虽得还是失；百岁好光阴，忙忙过了，纵寿亦夭[1]。

[1] 夭：夭折，未成年的人死去。

【译文】

一场对于人生而言并不重要的富贵，费尽心思争夺来，虽然得到了富贵却失去了人最珍贵的品质；人生百年的好时光，在匆匆忙忙中度过，即使是长寿其实也是短命。

高车嫌地僻，驷马喜门高

高车[1]嫌地僻，不如鱼鸟解亲人；驷马[2]喜门高，怎似莺花能避俗。

[1] 高车：车盖高大的车，指高官显贵所乘的车，此代指高官。

[2] 驷马：四匹马拉的车，也为高官显贵所乘的车，此代指显贵。

【译文】

高官总是嫌平常人家地方偏僻，车马难至，不如饲养的鱼鸟能理解人性、与人相亲；显贵喜欢攀附高贵的门庭，怎比得上黄莺和鲜花能超脱俗气。

勿趋炎附势，甘栖适守逸

趋炎附势[1]之祸，甚惨亦甚速；栖[2]恬守逸之味，最淡亦最长。

[1] 趋炎附势：依附权贵。

[2] 栖：寄托，停留。

【译文】

依附于权贵所惹来的祸害，非常迅速也非常悲惨；甘于恬淡闲适的生活，虽然平淡却最为长久。

林中无荣辱，义路泯炎凉

隐逸林中无荣辱，道义路上泯[1]炎凉[2]。

[1] 泯：消失，消除。

[2] 炎凉：比喻人情冷暖。

【译文】

一个退隐林泉之中与世隔绝的人，对于红尘俗世的一切是是非非完全都忘怀；一个讲求仁义道德而志在济世救民的人，对于世俗的贫贱富贵都看得淡而无厚此薄彼之分。

意气期天下，肝胆照天下

意气与天下相期[1]，如春风之鼓畅庶类[2]，不宜存半点隔阂之形；肝胆与天下相照，似秋月之洞彻[3]群品[4]，不可作一毫暧昧之状。

[1] 相期：相契合，相投合。

[2] 庶类：众多的物类。

[3] 洞彻：照亮，照遍。

[4] 群品：意思同“庶类”。

【译文】

意气与天下大众的意气相契合，就像春风激发万物，不应该保留半点隔绝不通的痕迹；肝胆与天下大众的肝胆相照应，就如秋月照亮众物，不可表现出一丝一毫模糊不清的状况。

济饥饿之人，胜结纳贤豪

费千金而结纳贤豪，孰若倾半瓢之粟，以济饥饿之人；构千楹[1]而招来宾客，孰若葺数椽之茅[2]，以庇孤寒之士。

[1] 构千楹：造千间房屋。楹：一间房为一楹。

[2] 葺数椽之茅：修几间茅房。葺，用茅草覆盖房屋，泛指修理房屋；椽，本指房屋的椽子，这里借指房屋的间数。

【译文】

花费千斤之资去结交招纳圣贤豪杰，不如拿出半瓢之粟去救济饥饿之人；建造千间房屋去招徕贵宾门客，不如修几间简陋的茅屋去庇护孤苦无靠的寒士。

先达笑弹冠，相知犹按剑

先达[1]笑弹冠[2]，休向侯门[3]轻曳裾[4]；相知犹按剑，莫从世路暗投珠。

[1] 先达：得官显贵在前的人。

[2] 弹冠：用手指弹去冠上的灰尘，比喻将出来做官。

[3] 侯门：权贵之门。

[4] 曳裾：拖着大襟。古代常用以形容奔走于权贵门下的样子。曳，拖；裾，外衣的大襟。

【译文】

已经显贵做了高官的人，总是要嘲笑那些借助自己的势力取得官职的人，所以不要经常奔走于权贵之门。朋友之间还会拔剑相争，所以在与人交往时不要明珠暗投，轻易地信任别人。

业不必求满，功不必求盈

事事要留个有余不尽的意思，便造物[1]不能忌我，鬼神不能损我。若业必求满，功必求盈者，不生内变，必招外忧[2]。

[1] 造物：创造天地万物，也可指创造万物的神。

[2] 外忧：外来的攻讦、忌恨、外患。

【译文】

不论做任何事都要留有余地，不要把事情做得太绝，这样即使是创造万物的神也不会嫉妒，也不会遭到神鬼的侵害。假如对一切事物都要求做到尽善尽美的地步，一切功劳都希望能达到登峰造极的境界，即使不为此而发生内乱，也必然会为这些招致外来的攻讦、忌恨。

不为君相笼，不受造化铸

彼富我仁[1]，彼爵我义，君子故不为君相所牢笼[2]；人定胜天[3]，志一动气[4]，君子亦不受造化[5]之陶铸[6]。

[1] 彼富我仁：出自《孟子》一书："晋、楚之富不可及也。彼以其富，我以吾仁；彼以其爵，我以吾义，吾何谦乎哉？"

[2] 牢笼：牢的本义是指养牛马的地方，此含有限制、束缚等意。据《淮南子·本经》篇："牢笼天地，弹压山川。"

[3] 人定胜天：指人如果能艰苦奋斗，必然能战胜命运而成功。

[4] 志一动气：志是一个人心中对人生的一种理想愿望；一是专一或集中；动是统御、控制发动；气是指情绪、气质、秉赋。《孟子·公孙丑上》："志一则动气，气一则动志。"

[5] 造化：命运。

[6] 陶铸：陶是范土制器，铸是熔金为器。

【译文】

别人有财富我坚守仁德，别人有爵禄我坚守正义，所以一个有高风亮节的君子绝对不会被君主的高官厚禄所束缚或收买。人的智慧能战胜大自然，理想意志可以转变自己的感情气质，所以一个有才德理智的君子绝对不受命运的摆布。

修行木石念，经邦云水趣

进德修道[1]，要个木石[2]的念头，若一有欣羡，便趋欲境；济世经邦，要段云水[3]的趣味，若一有贪著[4]，便堕危机。

[1] 修道：泛指修炼佛道两派心法。

[2] 木石：木柴和石块都是无欲望无感情的物体，喻无情欲。《孟子·尽心篇》中说：“与木石居，与鹿豕游。”

[3]云水：佛家称行脚僧为云水，这种和尚手持三宝云游天下，四海为家毫无牵挂，行迹飘忽有如行云流水，不受物欲束缚而具淡泊雅趣。

[4] 贪著：对富贵等欲念的执著。

【译文】

凡是磨炼心志修身养性的人，需要一种像木石一样坚定不移的意志，若是生了羡慕花花世界的念头，便会步入贪欲的境地；凡是治理国家拯救世间的人，须拥有一种如行云流水般的淡泊胸襟，如果有了贪恋荣华富贵的念头，就会陷入危机四伏的险境。

志以淡泊明，节从肥甘丧

藜口苋肠[1]者，多冰清玉洁[2]；衮衣玉食[3]者，甘婢膝奴颜[4]。盖志以淡泊明，而节从肥甘[5]丧矣。

[1] 藜口苋肠：藜，藜科一年生草木植物，嫩苗可蒸煮吃。苋，属苋科一年生草生植物，茎叶可食。据《昭明文选》曹植《北启》说：“余甘藜藿未暇此食也。良注：‘藜藿贱菜，布衣所食。’”此处应指平民百姓。

[2] 冰清玉洁：形容人的品德像冰一样清明透澈像玉一样，纯洁无瑕，据《新论·妄瑕》："伯夷叔齐，冰清玉洁。"

[3] 衮衣玉食：指权贵。衮衣是古代帝王所穿的龙服，此处比喻华服。

[4] 婢膝奴颜：也作奴颜婢膝，比喻自甘堕落而没骨气的人。

[5] 肥甘：美味，比喻物质享受。

【译文】

能吃粗茶淡饭生活的人，他们的操守多半像冰玉般纯洁；而讲求华美饮食奢侈的人，多半甘愿做出卑躬屈膝的奴才面孔。因为一个人的志向要在清心寡欲的状态下才能表现出来，而一个人的节操都从贪图物质享受中丧失殆尽。

能察能不察，能胜能不胜

好察[1]非明，能察能不察之谓明[2]；必胜非勇，能胜能不胜之谓勇。

[1] 察：调查研究。

[2] 明：明白，明智。

【译文】

每件事情都详细调查得清楚明白，这并不是真正的明白。该详细调查的就详细调查，不该详细调查的就不详细调查，这才是真正的明白通达。每次打仗都一定要取得胜利，这不是真正的勇敢。既能取得胜利，也能在必要的时候不取胜，这才是真正的勇敢。

入世悉世外，出世先谙世

思入世[1]而有为者，须先领得世外[2]风光，否则无以脱垢浊之尘缘[3]；思出世而无染者，须先谙尽世中滋味，否则无以持空寂之苦趣。

[1] 入世：涉足人世，参与世事。

[2] 世外：俗世之外。

[3] 尘缘：佛家语。佛家谓世间的色、声、香、味、触、法为六尘，是污染人心、产生欲念的根源，故称尘缘。

【译文】

想要参与世事并有所作为的人，必须先领会世俗之外的意趣，否则就不能脱去世俗之中污染人心、产生欲念的根源；想要超脱世俗、一尘不染的人，先应该尝遍世俗之中的趣味，否则就不能保持超脱世俗后空虚寂寞、以苦为乐的旨趣。

治家篇

养子如养女，最要谨慎严

养弟子[1]如养闺女，最要严出入，谨交游。若一接近匪人[2]，是清净田中下一不净的种子，便终身难植嘉禾[3]矣。

[1] 弟子：子弟，指男孩子。

[2] 匪人：坏人，品行不端的人。

[3] 嘉禾：指长得特别茂盛的稻谷。

【译文】

培养男孩子，要像养育女孩子那样谨慎才行，最关键的是要严格管束他们的出入和注意所交往的朋友。万一不小心结交了行为不正的人，就好像是在良田之中播下了坏种子，从此就可能一辈子也难长成有用之材。

融性情偏私，消家庭嫌隙

融得性情[1]上偏私，便是一大学问；消得家庭内嫌隙，才为火内栽莲[2]。

[1] 性情：性格、脾气。《宋书·沈文秀传》："且此人性情无常，猜忌特甚，将来之祸，事又难测。"

[2] 火内栽莲：火海内栽种莲花，即"火中莲""火生莲"，佛教语。语出《维摩经·佛道品》："火中生莲花，是可谓希有。在欲而行禅，稀有亦如是。"后因以"火生莲"比喻虽身处烦恼中而能解脱，达到清凉境界。唐代白居易《新昌新居书事四十韵》："浮荣水划字，真谛火生莲。"

【译文】

与人相处要宽容，能够容忍别人性情上属于个性特征的那一面其实很不容易，善于及时消解家庭内部那些因鸡毛蒜皮引起的种种摩擦，就像在火里种植荷花那样，没有相当的道行是做不到的。

悠闲镇定士，宽洪长厚家

大烈鸿猷[1]，常出悠闲镇定之士，不必忙忙[2]；休征[3]景福，多集宽洪长厚之家，何须琐琐[4]。

[1] 大烈鸿猷（yóu）：重大的事业和谋划。烈，功业；鸿，大；猷，谋略。

[2] 忙忙：事物繁冗不容空闲的样子。

[3] 休征：吉利的征兆。景福：大福。

[4] 琐琐：细小卑贱的样子。

【译文】

宏伟的功业，远大的谋略，常常出自于悠闲镇定的人士，没必要总是那么匆匆忙忙；吉祥的预兆，齐天的洪福，多聚集于宽宏大量的人家，何必计较那些细碎琐屑的事情。

家庭有真佛，日用有真道

家庭有个真佛[1]，日用有种真道[2]，人能诚心和气，愉色[3]婉言，使父母兄弟间形骸两释[4]、意气交流[5]，胜于调息观心[6]万倍矣。

[1] 真佛：真正的佛，此当信仰。

[2] 真道：真正的道。道，真理。

[3] 愉色：脸上的快乐神色，据《礼记·祭义》："有和气者必有愉色，有愉色者必有婉言。"

[4] 形骸两释：人我之间没有身体外形的对立，即人与人之间和睦相处。

[5] 意气交流：彼此的意态和气概互相了解、互相影响。

[6] 调息观心：佛道两教都把静坐和坐禅称为调息，是取静坐和坐禅调理呼吸，保持内部肌体运转自如的意思。观心，观察自己的行为，反省自己。

【译文】

任何家庭中应该有一种真诚的信仰，日常生活遵循正确的原则，这样能保持纯真的心性，言谈举止温和愉快，使父母兄弟之间相处得很和睦融洽，这比用静坐省察自己身心还要好上千万倍。

念积累之难，思倾覆之易

问祖宗之德泽[1]，吾身所享者是，当念其积累之难；问子孙之福祉[2]，吾身所贻[3]者是，要思其倾覆之易。

[1] 德泽：恩惠，恩泽。《汉书·食货志》中有“德泽加于万民”。

[2] 福祉：幸福，利益。祉，福。

[3] 贻：遗留，留下。

【译文】

要问祖宗给我们留有什么恩惠，我们现在所享有的一切就是祖宗留下来的恩惠，我们需要铭记祖宗为我们留下这些恩惠非常不容易；要问子孙后代有什么样的幸福生活，就要看我们为子孙后代留下的恩惠有多少，要考虑到家业颠覆衰败是非常容易的。

警家人之过，如春风解冻

家人有过，不宜暴扬，不宜轻弃。此事难言，借他事而隐讽[1]之；今日不悟，俟[2]来日正警之。如春风之解冻，如和气之消冰，才是家庭的型范[3]。

[1] 隐讽：借用其他事物来暗示，婉转劝人改过。

[2] 俟：等待。

[3] 型范：典型模范。

【译文】

如果家里的人犯了什么过错，不可以随便大发脾气乱骂，更不可以用冷漠的态度漠不关心，放任不管；如果他所犯的错你不好直接批评可以借其他事情来暗示让他改正；如果没办法立刻使他悔悟，就要拿出耐心等待时机再提醒劝告。要谆谆善诱，就好像春天温暖的风一般，慢慢消除冰天雪地的冬寒，要像温暖的气流一样能使冬天冻得如石块的冰完全融化，这样充满一团和气的家庭才算是模范家庭。

处骨肉从容，遇朋友剀切

处父兄骨肉之变，宜从容[1]，不宜激烈；遇朋友交游之失，宜剀切[2]，不宜优游[3]。

[1] 从容：镇静不慌乱。

[2] 剀（kǎi）切：切实、直接了当。

[3] 优游：柔和、模棱两可。

【译文】

当遇到父母兄弟或骨肉至亲之间发生家庭纠纷或人伦惨变事故时，应该保持沉着、从容的态度，绝对不可以感情用事，采取激烈言行而把事情弄得更坏；当跟知心好友交往时，万一遇到朋友有什么过失，应该亲切诚恳地直言规劝，绝对不可以由于怕得罪人而模棱两可，眼看着他继续下去。

父慈与子孝，俱合当如是

父慈子孝、兄友弟恭，纵做到极处，俱是合当[1]如是，著不得一毫感激的念头。如施者任德[2]，受者怀恩，便是路人，便成市道[3]矣。

[1] 合当：应该。

[2] 任德：以施恩惠于人而自任，受人感激。

[3] 市道：交易市场。

【译文】

父母对子女的慈祥，子女对父母的孝顺，兄姐对弟妹们的友爱，弟妹对兄姐的尊敬，即使付出全部的爱做到最完美的境界，也都是骨肉至亲之间应该做的，因为这完全都是出于人类与生俱来的天性，彼此间不须存有一丝感激的念头。假如父母养育子女，兄姐友爱弟妹，个个都怀着一种施恩图报的观念，以及子女对父母的孝顺，弟妹对兄姐的尊敬，也都怀着感恩图报的心理，那么就是将至亲骨肉之间的关系当作了陌路人来看待，真诚的骨肉之情就会变成一种市井交易了。

富贵更炎凉，骨肉尤妒忌

炎凉之态，富贵更甚于贫贱；妒忌之心，骨肉尤狠于外人。此处若不当以冷肠[1]，御以平气，鲜不日坐烦恼障[2]中矣。

[1] 冷肠：缺乏热情。

[2] 烦恼障：佛家语，例如贪、嗔、痴、慢、疑、邪见等都能扰乱人的情绪而生烦恼，就佛家来说这些是涅槃之障，故名“烦恼障”。《佛地论》：“身心恼乱不成寂静，名之为烦恼障。”

【译文】

世态炎凉、人情高低、冷暖、厚薄的变化，在富贵之家比贫穷人家显得更鲜明；嫉恨、猜忌的心理，在骨肉至亲之间比跟陌生人显得更厉害。一个人处在这种场合，假如不能用冷静态度来处理这种人情上的变化，不能用理智的心态来控制自己不平的情绪，那就会天天处在烦恼的困境中了。

居官惟公廉，居家惟恕俭

居官有二语曰：“惟公则生明，惟廉则生威。”居家有二语曰：“惟恕[1]则平情，惟俭则足用。”

[1] 恕：用自己的心推想别人的心。《论语·卫灵公》：“子贡问曰：‘有一言可以终身行之者乎？’子曰：‘其恕乎！己所不欲，勿施于人。’”

【译文】

关于做官有两句格言说：“只有公正才能清明，只有廉洁才能威严。”关于治家也有两句格言：“只有宽容才能心情平和，只有节俭家用才能富足”。

当穷愁寥落，不可自废弛

贫家净扫地，贫女净梳头。景色虽不艳丽，气度自是风雅。士君子当穷愁寥落[1]，奈何辄[2]自废弛[3]哉！

[1] 寥落：落寞不得志。吕温诗中有“独卧郡斋寥落意，隔帘微雨湿梨花”。

[2] 辄：总是，就。

[3] 废弛：荒废懈怠。王冕《剑歌行》中有“学书学剑俱废弛”。

【译文】

贫穷的家庭也要把地打扫得十分干净，穷人家的女孩也要把头发梳理得干净整洁。虽然没有艳丽的装饰，却能保持高雅风度。有良好修养与德行的君子，遭遇穷愁困苦的时候，怎么能荒废懈怠呢？

寒微之颂德，骨肉之孚心

望重缙绅[1]，怎似寒微[2]之颂德？朋来海宇[3]，何如骨肉之孚心[4]？

[1] 缙绅：原意是插笏板于带，古时官宦的装束，后成官宦的代称。缙，插，指插笏板；绅，束腰的大带。

[2] 寒微：指穷苦百姓。

[3] 海宇：海内，宇内，近海之地。《梁书·武帝纪上》载：“浃海宇以驰风，罄轮裳而禀朔。”

[4] 孚心：贴心，可信。

【译文】

在达官显贵之中享有威望，怎么能比得上穷苦百姓的颂扬？远方来的朋友，怎么比得上自己的亲人骨肉贴心可靠？

饮宴之乐多，不是好人家

饮宴之乐多，不是个好人家；声华[1]之习胜，不是个好士子[2]；名位之念重，不是个好臣工[3]。

[1] 声华：好名声。

[2] 士子：读书人，学子。

[3] 臣工：群臣百官。

【译文】

经常饮酒聚会的家庭，不是一个好人家；爱好声色繁华、喜好虚名的人，不是一个正派的学子；对于名声和地位过于看重的人，不会成为一个好官吏。

看破与认真，脱缰负重任

以幻境[1]言，无论功名富贵，即肢体亦属委形[2]；以真境[3]言，无论父母兄弟，即万物皆吾一体。人能看的破，认的真，才可以任天下之负担，亦可脱世间之缰锁[4]。

[1] 幻境：空虚境界。

[2] 委形：上天赋予的形体。委，赋予。《列子·天瑞》篇："吾身非吾有，孰有之哉？曰：是天地之委形也。"

[3] 真境：超越一切物相的境界，即物我合一永恒不变的境界。《庄子·齐物论》中说："天地与我并生，而万物与我为一。"

[4] 缰锁：套在马脖子上控制马行动的绳索，比喻人世间的互相牵制。

【译文】

世事变幻无常，不论官位、财富、权势都是变幻无常，即使是自己的四肢躯体也属于上天赋予我们的形体，假如我们超越一切物相来看客观世界，不论是父母兄弟等骨肉至亲，甚至连天地间的万物都和我属于一体。一个人假如能洞察出物质世界的虚伪变幻，又能认得清精神世界的永恒价值，才可以担负起救世济民的重大使命，也只有这样才能挣脱尘世间功名利禄的束缚。

养喜神招福，去杀机远祸

福不可徼[1]，养喜神[2]以为招福之本；祸不可避，去杀机[3]以为远祸之方。

[1] 徼：求祈福解。

[2] 喜神：喜气洋洋的神态。

[3] 杀机：肃杀之气。

【译文】

人间幸福不可勉强去追求，只要能经常保持愉快的心情，就算是追求人生幸福的基础；人间的灾祸有时难以避免，只要能排除怨恨他人的心绪，就算是远离灾祸的良策。

过俭为鄙吝，过让为曲礼

俭，美德也，过则为悭吝[1]，为鄙啬[2]，反伤雅道[3]；让，懿行[4]也，过则为足恭[5]，为曲谨[6]，多出机心[7]。

[1] 悭（qiān）吝：吝啬。

[2] 鄙啬：小气，斤斤计较。

[3] 雅道：正道，忠厚之道。《荀子·荣辱》："君子安雅。"集

解："雅，正也，正而有美德者谓之雅。"

[4] 懿行：美好的行为。

[5] 足恭：过分恭维来取悦于人。《论语·公冶长》："巧言、令色、足恭，左丘明耻也，丘亦耻也。"

[6] 曲谨：指把谨慎细心专用在微小地方，有假装谦恭的意思。宋王安石《王深父墓志铭》："故不为小廉曲谨而投众人耳目，而取舍、进退、去就必度于仁义。"

[7] 机心：狡猾诡诈的用心。《庄子·天地》篇："吾闻之吾师，有机械者必有机事，有机事者必有机心。机心存于胸中，则纯白不备。"

【译文】

节俭朴素本来是一种美德，但是太过分节俭了就是小气，就会沦为为富不仁、斤斤计较的守财奴，这样反而会伤害到做人的忠厚之道。处事谦让本来也是一种高尚的行为，但是谦让过分了，就会显得卑躬屈膝、谨小慎微不够大方得体，这样反而会给人一种好用心机的感觉。

心宽舒福厚，念迫促泽短

仁人心地宽舒，便福厚[1]而庆长[2]，事事成个宽舒气象；鄙夫[3]念头迫促，便禄薄而泽[4]短，事事成个迫促规模。

[1] 福厚：福禄丰厚。

[2] 庆长：福禄绵长的意思。

[3] 鄙夫：人品鄙陋、见识浅薄的人。

[4] 泽：恩惠。

【译文】

心地善良的人，由于心胸宽广、仁慈博爱，所以能享受丰厚长久的福禄，每件事都有宽广的景象；见识浅薄、人品鄙陋的人，由于心胸狭窄、目光短浅，所以受享的福禄也微薄短暂，每件事都形成只顾眼前、遇事紧迫的局面。

除热恼身清，遣穷愁心乐

热不必除，而热恼[1]须除，身常在清凉台上；穷不可遣，而穷愁要遣，心常居安乐窝[2]中。

[1] 热恼：因为热产生的烦躁。

[2] 安乐窝：宋朝理学家邵雍为自己的住宅取名为安乐窝，这里指舒适安逸的地方。

【译文】

不必消除暑热，因暑热而产生的烦躁与苦恼则必须除掉，除掉因热产生的烦恼后，人就好像常在清凉台上一样拥有清凉的心境；贫穷不容易排除，因为穷而产生的忧愁则必须排除，排除穷愁之后，人的心就好像常在安乐窝中一样快乐。

少事之为福，多心之为祸

福莫福于少事[1]，祸莫祸于多心。惟苦事者方知少事之为福；惟平心者始知多心[2]之为祸。

[1] 少事：没有烦心的琐事。

[2] 多心：猜忌。

【译文】

人生没有比无忧心琐事可牵挂更为幸福的了，而最大的灾祸没有比疑神疑鬼更可怕的了。只有那些终日劳碌的人，会知道无事一身轻才是最大的幸福；只有那些经常心如止水安祥平和的人，才知道最大的灾祸源于多心猜疑。

富贵嗜欲猛，宜带清冷气

生长富贵丛中的，嗜欲[1]如猛火，权势似烈焰。若不带些清冷气味，其炎焰不至焚人，必将自焚。

[1] 嗜欲：多指放纵自己对酒色财气的嗜好。

【译文】

生长在豪富权贵之家的人，不良嗜好的危害有如烈火，专权弄势的脾气有如凶焰；假如不及早清醒，用清淡的观念缓和一下强烈的欲望，那猛烈的欲火虽然不至祸及他人，终将会导致自焚自毁。

念虑差毫末，人品星渊别

以积货财[1]之心积学问，以求功名之念求道德，以爱妻子之心爱父母，以保爵位之策保国家。出此入彼，念虑[2]只差毫末[3]，而超凡入圣[4]，人品且[5]判星渊[6]矣。人胡不[7]猛然转念哉！

[1] 货财：货物，财物。《礼记·曲礼上》：“贫者不以货财为礼，老者不以筋力为礼。”

[2] 念虑：思虑。《淮南子·说山训》：“念虑者不得卧。止念虑，则有为其所止矣。”

[3] 毫末：毫毛的末端，比喻极其细微。《老子》：“合抱之木，生於毫末；九层之台，起於累土。”

[4] 超凡入圣：超越凡俗，达于圣界。语出唐代吕岩《七言》诗：“举世若能知所寓，超凡入圣弗为难。”

[5] 且：将近，几乎。《列子·汤问》：“年且九十。”

[6] 星渊：天壤之别，比喻差别大。清代褚人获《坚瓠集·两太宰嚭》：“两太宰嚭何忠佞星渊哉！”

[7] 胡不：何不。《诗·鄘风·相鼠》：“人而无礼，胡不遄死？”

【译文】

用积聚货物财产的心思积聚学问，用求取功绩名誉的意念追求道德，用爱护妻子儿女的心意敬爱父母，用保持爵号官位的策略保卫国家，走出这里进入那里，意念思虑只是差别毫毛末端，但是超脱凡俗进入圣界，人的品质几乎判若天壤之别了。人何不猛然转变念头呢！

耳闻逆耳言，心有拂心事

耳中常闻逆耳[1]之言，心中常有拂心[2]之事，才是进德修行的砥石[3]。若言言悦耳，事事快心，便把此生埋在鸩毒[4]中矣。

[1] 逆耳：刺耳难听。

[2] 拂心：不顺心。

[3] 砥石：磨刀石。

[4] 鸩毒：毒酒。鸩，传说中有毒的鸟。

【译文】

耳中常听一些不顺耳难听的话语，心中常想着一些不顺心的事情，这才是人修养身心、培养良好德行的磨刀石。如果每句话都顺耳好听，每件事都能称心如意，那就是把自己的一辈子都浸泡在毒酒之中了。

天地有和气，人心有喜神

疾风怒雨，禽鸟戚戚[1]；霁[2]月光风，草木欣欣[3]。可见天地不可一日无和气，人心不可一日无喜神[4]。

[1] 戚戚：忧愁恐慌的样子。据《论语》：“君子坦荡荡，小人长戚戚。”

[2] 霁：雨后天晴。

[3] 欣欣：草木繁茂的样子。

[4] 喜神：吉祥喜庆的神，这里指人心神愉悦的样子。

【译文】

狂风暴雨中，各种飞禽鸟类都感到忧愁恐慌；风和日丽的好天气，草木欣欣向荣长势茂盛。由此可见天地之间没有一天可以没有和气，人心也没有一天可以没有喜气。

清冷受享薄，和暖福泽厚

天地之气[1]，暖则生，寒则杀。故性气[2]清冷[3]者，受享[4]亦凉薄[5]；惟气和暖心之人，其福亦厚，其泽亦长。

[1] 气：节气。

[2] 性气：性情气质。

[3] 清冷：寂静没有生气。

[4] 受享：所享有的福分。

[5] 凉薄：淡薄。

【译文】

大自然四季的变化，春夏气候温暖，万物就获得生长，秋冬气候寒冷，万物就失去了生机。所以，一个性情高傲冷漠的人，他的表情毫无生气，就像秋冬的天气那样冷漠无情无人敢接近，因而他所能得到的福分自然就淡薄。只有那些个性温和而又热忱的人，他所获得的福分深厚而长久。

念头存宽厚，春风育万物

念头宽厚的，如春风煦育[1]，万物遭之而生；念头忌克的，如朔雪阴凝[2]，万物遭之而死。

[1] 煦育：煦是温暖，育是化育，由此而万物生长。颜延之《陶征士诔》："晨烟暮霭，春煦秋阴。"

[2] 朔雪阴凝：北方的雪阴冷久积不化。朔，北方；阴凝，雪因阴冷久积不化。

【译文】

一个胸怀宽宏忠厚的人，好比温暖的春风化育万物，能给一切具有生命的东西带来生机；一个胸襟狭隘斤斤计较的人，好比寒冷凝固的冰雪，能给一切具有生命的东西带来杀气。

寒灯敝裘下，不失本来真

寒灯无焰，敝[1]裘无温，不失本来面目；心似死灰，身如槁[2]木，未免堕落顽空。

[1] 敝：坏，破旧。《墨子·公输》："邻有敝轝（yú）而欲窃之。"

[2] 槁：草木枯干。刘向《九叹·远逝》："草木摇落时槁悴兮。"

【译文】

一盏微弱的孤灯燃不起火焰，一件破旧的大衣穿在身上毫不温暖，这是造化在玩弄世人；衰败的身体像是干枯的树木，而空虚的心灵也犹如燃尽的死灰，这种人就像是行尸走肉，必然会陷入冥顽的空境当中。

肯休当下休，觅了无了时

人肯当下休，便当下了。若要寻个歇处，则婚嫁虽完，事亦不少。僧道虽好[1]，心亦不了。前人云："如今休去便休去，若觅了时无了时。"见之卓矣。

[1] 僧道虽好：僧，僧人；道，道士；好，美、善，此处指清静、没干扰。

【译文】

一个人无论做什么事，想要罢手时，就要当机立断结束。如果犹疑不决，想要找个更好的时机，那就像男婚女嫁一样，虽然婚事办完了，以后的家务和夫妻儿女之间的琐事却会接踵而来。出家当和尚和道士虽然不被人打扰能获得暂时的清净，他们的七情六欲却未必能够全部清除。古人说得好："现在能罢休就赶紧罢休，若想再找个机会罢休，恐怕就永远没了罢休的机会。"这真是极高明的见解啊！

热闹出冷言，寒微用热心

从热闹场中出几句清冷言语，便扫除无限杀机；向寒[1]微路上用一点赤热心肠，自培植许多生意[2]。

[1] 寒：穷困。微：衰落，低下。

[2] 生：生存，活着。意：流露出来的情态。

【译文】

在喧闹争吵的场合说几句清醒冷静的话语，便可消除无限争斗杀伐之心；对贫穷困苦的人多用一点火热的心肠，必然能培植出许多生存下去的意念。

无事常提防，有事须镇定

无事常如有事时提防，才可以弥[1]意外之变；有事常如无事时镇定，方可以消局中[2]之危。

[1] 弥：弥补，消除。

[2] 局中：处于事情当中。

【译文】

没有事情的时候常常像有事情时那样小心提防，这样才可以消除意外的变故；遇到事情的时候要像没有事情时那样镇定，这样才可以消除事情中出现的危险。

少年抑躁心，老成振惰气

少年的人，不患其不奋迅[1]，常患以奋迅而成卤莽，故当抑其躁心；老成的人，不患其不持重，常患以持重而成退缩，故当振其惰气[2]。

[1] 奋迅：精神振奋，行动迅速。

[2] 惰气：惰性、懒惰懈怠。鲁迅《书信集·致姚克》："北平原是帝都，只要有权者一提倡'惰气'，一切就很容易趋于'无聊'的，盖不独报纸为然也。"《汉书·成帝纪》："间者，民弥惰怠，乡本者少，趋末者众，将何以矫之？"

【译文】

对于年轻人来说，不担忧他们做事不振奋迅速，反而会常常怕他们因为太快速了导致鲁莽，所以应当抑制他们的急躁性情。对于成熟稳重的成年人，不担心他们做事不稳重，反而会常常怕他们太谨慎稳重了而造成畏缩不前，所以应当振奋他们的精神，使他们抛弃懒惰懈怠的习气。

柔弱胜刚强，圆融胜偏执

舌存常见齿亡，刚强终不胜柔弱；户[1]朽未闻枢[2]蠹[3]，偏执岂能及圆融。

[1] 户：单扇门。

[2] 枢：门轴。

[3] 蠹（dù）：蛀蚀。宋代罗大经《鹤林玉露补遗》：“是勤可以远淫辟地，户枢不蠹，流水不腐。”

【译文】

永远都是柔软的舌头还在而坚硬的牙齿却已经脱落，可见刚强终究胜不过柔弱；往往门板腐烂了，而经常转动的门轴却从未被蛀蚀，如此看来偏颇固执怎么也及不上左右逢源、宛转圆通。

福来不必喜，祸来不必忧

天欲祸人，必先以微福骄之[1]，所以福来不必喜，要看他会受；天欲福人，必先以微祸儆之[2]，所以祸来不必忧，要看他会救。

[1] 骄之：使他起骄傲之心。

[2] 儆之：使他警惕小心。

【译文】

上天要降灾祸在一个人身上时，一定会先给些许的福分滋长他的骄傲之心，所以福运来了不要高兴得太早，要看自身是否懂得接受。上天要降福运在一个人身上时，一定会先给些许的灾祸来使他警惕小心，稍作惩戒，所以灾祸来了也不要太过忧虑，要看自身是否会自救。

贫贱难用情，富贵难好礼

贫贱所难，不难在砥节[1]，而难在用情；富贵所难，不难在推恩[2]，而难在好礼[3]。

[1] 砥（dǐ）节：磨练节操。

[2] 推恩：施恩惠给人。

[3] 好礼：遵循礼法，按礼法行使事。

【译文】

身处贫贱时难以做到的事，不是难在磨砺自己的节操，而是难在施予感情；身处富贵时难以做到的事，不是难在广施恩德，而是难在按礼行事。

瑰奇多惹祸，寻常享民福

异宝奇琛[1]，俱是必争之器；瑰节琦行[2]，多冒不祥之名。总不若寻常历履，易简行藏[3]，可以完天地浑噩之真，享民物和平之福。

[1] 琛：珍宝。

[2] 瑰节琦行：珍奇宝贵的操守与德行。瑰，珍奇，次于玉的石头。琦，美玉，珍奇。

[3] 易简行藏：平易简约的行止。行藏，据《论语·述而》：“子谓颜渊曰：‘用之则行，舍之则藏，唯我与尔有是夫！’”因此行藏多指出处或行止。易简，平易简约。平易简约的行止。

【译文】

奇珍异宝，都是惹起人们纷争的器物；瑰奇不寻常的品行节操，多数会招来不好的名声。总比不上平常的经历与平和简单的行止，可以使人保全天地赋予的浑厚纯朴的本质，享受万物和平的福气。

眼前田地宽，身后惠泽长

面前的田地[1]要放得宽，使人无不平之叹[2]；身后的惠泽要流得长，使人有不匮之思[3]。

[1] 田地：心胸。

[2] 不平之叹：对不平之事发出的感叹。

[3] 不匮之思：比喻永恒的恩泽。匮，缺乏。《诗经·大雅》：“孝子不匮，永锡尔类。”

【译文】

人应该把眼前待人处事的态度放得宽厚些，只有如此才不会致使身边的人发出不平的牢骚；对于死后遗留给子孙与后人的恩泽，则应该把眼光放得长远些，这样才会使子孙后代永远怀念。

富贵知贫贱，少壮念衰老

处富贵之地，要知贫贱的痛痒[1]；当少壮之时，须念衰老的辛酸。

[1] 痛痒：比喻痛苦。

【译文】

当处在富贵的环境中时，要知道贫贱的痛苦滋味；当年轻力壮的时候，要想到年老体衰时候的辛酸滋味。

爱重反为仇，薄极反成喜

千金难结一时之欢，一饭竟致终身之感[1]。盖爱重反为仇，薄极反成喜也。

[1] 一饭竟致终身之感：据《史记·淮阴侯列传》中记载，韩信年少之时，家中贫寒，钓于城下，有漂母见他饥饿，就给他饭吃。后来韩信成就一番事业，请来漂母，赠送她千金以示感谢。

【译文】

送他人千两黄金也难以讨他人一时的欢心，而请他人吃一顿饭竟然能够换来一辈子的感激。可见过分的宠爱反而会转化成仇恨，小恩惠反而能使他人欢喜。

耳不留是非，心不着物我

耳根[1]如风谷传声，过而不留，则是非俱谢；心境如月池浸色[2]，空而不着，则物我两忘。

[1] 耳根：六根之一。佛家以眼、耳、鼻、舌、身、意为六根。

[2] 月池浸色：月亮在水中的倒影所映出的月色。

【译文】

耳根假如像大风吹过山谷一样，经一阵呼啸之后什么也没有，这样所有的流言蜚语就不会起到作用；心灵假如能像月亮在水中的倒影所映出的月色那般，当月亮被云彩遮掩，水仍是水，月还是月，人若能达到这种境界，心中自然也就能一片光明而无外物和自我之分了。

忧勤与淡泊，勿太苦与枯

忧勤[1]是美德，太苦则无以适性怡情[2]；淡泊是高风[3]，太枯[4]则无以济人利物。

[1] 忧勤：绞尽脑汁用体力去做事。

[2] 适性怡情：使心情愉快精神爽朗。

[3] 高风：高尚的情操或高风亮节。

[4] 枯：已经丧失生机的树木，这里指不近人情的含意。

【译文】

用心尽力去做事本来是一种很好的品德，但是过于认真而使心力交瘁，使精神得不到调剂就会失去生活的乐趣；把功名利禄看得很淡本来是一种高尚的情操，但是过分清心寡欲，远离社会，对社会大众就不会做出什么贡献了。

燥寡凝滞者，功业福祉难

燥性者火炽，遇物则焚；寡思者冰清，逢物必杀；凝滞固执[1]者，如死水腐木，生机已绝。俱难建功业而延福祉[2]。

[1] 凝滞固执：形容人顽固不化，非常固执古板。凝滞，停留不动。

[2] 福祉：幸福，利益。

【译文】

性情急躁的人好比烈火一般炽热，和他接触的人都会被他的热情灼伤；刻薄寡恩无情无义的人如同冰雪一般冷酷，和他接触的人只要碰到他都会遭到残害；头脑顽固而呆板的人像一潭死水又像一棵朽木，了无生机。这些人都不是能够建大功、立大业，能为人类社会造福的人。

出世篇

看个色身破，认个法身真

古人闲适处，今人却忙过了一生；古人实受处，今人又虚度了一世。总是耽空逐妄[1]，看个色身不破[2]，认个法身不真[3]耳。

[1] 耽空逐妄：追求虚妄，沉溺在空洞的不切实际当中。

[2] 看个色身不破：看不破红尘俗世。色身，肉身。

[3] 认个法身不真：看不真切佛之法身，指参不透佛理，成不了正果。法身，佛之真身为法身。

【译文】

古人闲适自在，现在的人却劳碌一生；古人实实在在享受人生乐趣，现在的人却虚度了人生。人们总是追逐功名利禄等虚妄的东西，看不破肉身，参不透人生真谛。

万物原一辙，万物本一体

万境一辙，原无地著个穷通[1]；万物一体，原无处分个彼我。世人迷真逐妄[2]，乃向坦途上自设一坷坎，从空洞中自筑一藩篱[3]。良足[4]慨哉！

[1] 穷通：贫困与显达。

[2] 迷真逐妄：对真理迷惑不清，对虚妄之说追逐执著。

[3] 藩篱：篱笆墙。

[4] 良足：很值得。

【译文】

天下各种境界都同出一辙，可是人们却要在本来没有贫困与显达的地方显示出贫困与显达来；世上各种事物皆浑然一体，可是人们却要在本来没有你我之分的地方分别出你与我来。世人迷失真理而追逐虚妄，实是在平坦的大道上为自己设下了坎坷，在空旷无遮拦的地方为自己筑起了一片篱笆，确实是令人感慨啊！

人精爽通天，天威命寓人

福善不在杳冥[1]，即在食息起居处牖[2]其衷；祸淫[3]不在幽渺，即在动静语默[4]间夺其魄。可见人之精爽[5]常通于天，天之威命[6]即寓于人，天人岂相远哉！

[1] 杳冥：遥远看不见的地方。

[2] 牖（yǒu）：窗户，此处喻指显露、暴露。

[3] 祸淫：祸害和邪恶。幽渺：阴暗渺茫的地方。

[4] 动静语默：指人的行动、静止、言语、沉默四种行为。

[5] 精爽：精神，灵魂。

[6] 威命：尊严。

【译文】

上天赐给人的福气与善良，不在遥远而看不见的地方，就在日常的饮食起居的地方启迪人们的心灵，使其行善而得福；上天降给人的祸害与淫邪，不在阴暗渺茫的地方，就在平常的行动或休息、说话或沉默中间夺去人们的魂魄，使其走向淫邪而招祸。由此可见，只要人的精神常常与上天相通，上天的意旨便能寄寓在人们的心中，这样上天与人难道会相去遥远吗？

俗情须摆脱，物累应减除

作人无甚高远的事业，摆脱得俗情[1]便入名流；为学无甚增益[2]的工夫，减除得物累[3]，便臻圣境[4]。

[1] 俗情：世俗之人追逐利欲的意念。

[2] 增益：增加，积累。

[3] 物累：心遭受到外物等欲望的干扰。

[4] 臻（zhēn）圣境：达到至高无上的境界。臻，达到。

【译文】

做人不一定非要成就一番大事业，只要能摆脱对世俗功名利禄的欲望，便可以跻身于名流；要想求到很高深的学问，也没有什么特别的秘诀，只要能排除外界的诱惑，保持恬淡寡欲的心智，便能够达到超凡入圣的境界了。

君子居常好，不浓亦不枯

念头浓[1]者自待厚，待人亦厚，处处皆厚；念头淡[2]者自待薄，待人亦薄，事事皆薄。故君子居常[3]嗜好，不可太浓艳[4]，亦不宜太枯寂[5]。

[1] 念头浓：心里的想法宽厚。念头，想法、动机。

[2] 淡：薄、浅。

[3] 居常：日常生活。

[4] 浓艳：浓厚，这里指奢侈无度。

[5] 枯寂：寂寞到极点，这里指吝啬。

【译文】

一个心里想法深厚的人，不但要求自己的生活富足，而且对待别人也要讲究丰足，因此他凡事都要讲究气派豪华；一个欲念淡薄的人，不但自己过着平淡的生活，对待别人也很淡薄，因此他凡事都表现得冷漠无情。所以一个真正有修养的人，日常生活的喜好，既不过分讲究气派、奢侈无度，也不能过分吝啬刻薄。

事来心始现，事去心随空

风来疏竹[1]，风过而竹不留声；雁渡寒潭，雁去而潭不留影[2]。故君子事来心始现[3]，事去而心随空[4]。

[1] 风来疏竹：风吹过竹丛，使竹叶分开。

[2] 留影：雁飞过寒潭而影子仍在潭上。

[3] 心始现：本心才显露出来。

[4] 空：平静。

【译文】

当轻风吹过稀疏的竹林间，竹林里会发出沙沙的声音，可是当风吹过去之后，竹林中并不会留下声音而仍旧归于寂静；当大雁飞过，寒潭固然会倒映出雁影，但是大雁飞过后，清澈的水面依旧是一片晶莹并没有留下雁影。由此可见，一个有品德的君子，当事情来临时他的本性才会显现出来，事情结束后，他的心也就恢复了原来的平静。

机里又藏机，智巧何足恃

鱼网之设[1]，鸿[2]则罹[3]其中；螳螂之贪，雀又乘其后[4]。机里藏机，变外生变，智巧何足恃哉！

[1] 鱼网之设，鸿则罹其中：见《诗经·邶风·新台》篇。

[2] 鸿：大雁。

[3] 罹：遭，碰上。多指遭受不幸。

[4]螳螂之贪，雀又乘其后：见《说苑·正谏》篇："园中有树，其上有蝉，蝉高居悲鸣饮露，不知螳螂在其后也，螳螂委身曲附欲取蝉，而不顾知黄雀在其傍也。"比喻人们只看到眼前利益忽略其后隐藏的灾祸。

【译文】

本来是为捕鱼设置的网，不料却使大雁落入网中；贪婪的螳螂只想吃掉前面的蝉，谁知道身后还有一只想要吃掉它的黄雀。天地之间机巧之中还有机巧，变化之外还有变化，人的智谋巧计又怎么能靠得住呢?

知心体莹然，不失人本来

夸逞[1]功业，炫耀文章，皆是靠外物做人。不知心体莹然[2]，本来不失，即无寸功只字，亦自有堂堂正正做人处。

[1] 夸逞：夸是自我吹嘘，言过其实，逞是强行显露。

[2] 莹然：莹是指玉的颜色，洁白纯净。

【译文】

夸张自己的功劳业绩，炫耀自己的文章美妙，这都是靠外物来增加自身光彩博取他人赞美。却不知人人内心都有一块洁白晶莹的美玉，所以一个人只要不丧失人类原有的纯朴善良的本性，即使在一生之中没留下半点功勋伟业，没留下片纸只字的著作文章，也算是一个堂堂正正的人。

会得个中趣，破得眼前机

会[1]得个中趣，五湖[2]之烟月[3]，尽入寸里[4]；破得眼前机[5]，千古之英雄，尽归掌握[6]。

[1] 会：领悟。

[2] 五湖：古代关于五湖范围有多种说法，这里是泛指。

[3] 烟月：大自然中的山川景色。

[4] 寸里：心里。

[5] 机：机运。

[6] 掌握：指挥、控制，这里指交往、效法。

【译文】

现实世界中不论何事，只要能领悟其中的乐趣，那么五湖四海的山川美景，就等于全都纳入我的心中一样任我尽情享受；现实世界中不论任何道理，只要能看穿眼前的机运事理，那么所有古往今来的英雄豪杰就都会成为我的朋友，由我尽情交往、任意效法。

肃杀存生意，可见天地心

草木才零落，便留萌蘖[1]于根底；时序虽凝寒[2]，终回阳气[3]于灰管[4]；肃杀之气，生意存焉，即是可以见天地之心[5]。

[1] 萌蘖：旁出的新芽。

[2] 凝寒：寒冷到结冰的地步，形容天气非常寒冷。凝，结冰。

[3] 阳气：春天的温和之气。

[4] 灰管：古代测气候变化的玉管，因以葭莩灰放在律管中而得名。

[5] 心：本源。

【译文】

草木的枝叶刚刚飘零枯黄，就已在根的底部露出了新的芽；虽然处在寒气凝集的冬季，而春天的温和之气已在灰管中等待复出。在肃杀萧瑟的气候中，存在着使万物生长发育的生机，由此可见天地孕育万物的本心。

世事如棋局，不着是高手

世事如棋局，不着[1]的才是高手；人生似瓦盆，打破了方见真空[2]。

[1] 着：下棋。

[2] 真空：佛家称超出一切色相意识的真实境界为真空。

【译文】

世间之事，犹若一盘棋局，只要有争斗，就会有输赢胜败，只有不着一子，与世无争，才是造诣高深的人；人生在世，就好像生活在一个封闭的瓦盆之中，追名逐利，忙碌终生，只有冲破这个蒙蔽人的本性的瓦盆，才能悟解人生的真谛，达到超凡入圣的境界。

昂藏老鹤饥，饮啄态犹闲

昂藏[1]老鹤虽饥，饮啄犹闲，肯同鸡鹜之营营[2]而竞食？偃蹇[3]寒松纵老，丰标[4]自在，岂似桃李之灼灼[5]而争妍！

[1] 昂藏：神态轩昂。

[2] 营营：往来盘旋的样子。

[3] 偃蹇：弯曲。

[4] 丰标：丰满优美的风貌神态。

[5] 灼灼：色彩鲜艳的样子。

【译文】

神态轩昂的老鹤虽然饥饿，但在饮水啄食时还悠闲自得，怎肯像鸡鸭那样奔来奔去地争相啄食呢？枝干弯曲的寒松虽然苍老，但风貌神采依然优美潇洒，怎肯像桃李那样色彩鲜丽，争奇斗艳呢？

识造化幻境，觅人物根宗

吾人适志于花柳烂漫之时，得趣于笙歌腾沸之处，乃是造化[1]之幻境，人心之荡念[2]也。须从木落草枯之后，向声希味淡之中，觅得一些消息[3]，才是乾坤的橐龠[4]，人物的根宗[5]。

[1] 造化：大自然。

[2] 荡念：放纵的欲望。

[3] 消息：一消一长，互为更替的道理。

[4] 橐龠（tuó yuè）：古代冶炼时用以鼓风吹火的风箱，比喻动力源泉。橐，外面的箱子；龠，送风管。

[5] 根宗：根源。

【译文】

人们若是在花红柳绿、春光明媚的时候舒适自得，在笙歌沸腾、歌舞并作的地方享受乐趣，这实是天地间的虚幻梦境，人心中的放荡邪念。所以人们必须在寒风凛冽、叶落草枯之后，从没有音乐、没有美食佳肴的处境中寻求一些做人的道理，这才是天地运转的动力源泉，人与事物生存的根源。

静处观人事，闲中玩物情

静处观人事，即伊吕[1]之勋庸[2]、夷齐[3]之节义，无非大海浮沤[4]；闲中玩物情[5]，虽木石之偏枯[6]、鹿豕之顽蠢，总是吾性真如[7]。

[1] 伊吕：即伊尹与吕尚，并称伊吕泛指辅弼重臣。伊尹，名挚，佐汤伐夏桀，被尊为阿衡（宰相）。吕尚，姜姓，名尚，字不牙，周武王时尊为“师尚父”，辅佐武王灭商。宋代刘过《沁园春·寿》词：“平章处，看人如伊吕，世似唐虞。”

[2] 勋庸：功勋与业绩。任昉《宣德皇后令》：“功隆赏薄，嘉庸莫畴。”

[3] 夷齐：伯夷与叔齐，商末孤竹君的两个儿子。周武王伐纣，两人叩马谏阻，商亡后，两人耻食周粟，逃到首阳山，采薇而食，饿死山中。唐李白《梁园吟》：“持盐把酒但饮之，莫学夷齐事高洁。”

[4] 浮沤：水面上的泡沫。因其易生易灭，常比喻变化无常的世事和短暂的生命。

[5] 物情：事物的情态。

[6] 偏枯：残缺枯槁。

[7] 真如：永恒常在的实体或实性。佛家认为宇宙全体，即是一心，不生不灭，故名为真。此真心，无异无相，故名为如。

【译文】

在安静的地方观察世上的人与事，即使是伊尹、吕尚的功勋业绩，伯夷、叔齐的节操与义气，都无一不是海上漂浮的泡沫；在清闲的时候玩味事物的情态，即使树木山石偏斜枯槁，鹿猪顽劣愚蠢，都无一例外是宇宙万物的本性。

看破有尽身，悟入无怀境

看破有尽身躯，万境之尘缘[1]自息；悟入[2]无怀境界[3]，一轮之心月[4]独明。

[1] 尘缘：与尘世的因缘。

[2] 悟入：觉知并证入实相。语本《法华经·方便品》：“欲令众生悟佛知见，故出现于世；欲令众生入佛知见，故出现于世。”

[3] 无怀境界：淳朴的境界。无怀，无怀氏，一作亡怀氏，传说中的远古部落，部落内人人安居乐业，心无好恶，老死不相往来。

[4] 心月：佛教语，谓明净如月的心性。语本《菩提心论》：“照见本心，湛然清净，犹如满月，光遍虚空，无所分别。”

【译文】

如果能看穿看透生死，万境尘世使人产生欲望的因缘便会自然止息；如果能觉悟进入无怀氏那样淳朴的境界，内心当中有如一轮明月，心性自然清明澄澈。

人之有生也，如太仓粒米

人之有生也，如太仓[1]之粒米，如灼目之电光，如悬崖之朽木，如逝海[2]之巨波。知此者如何不悲？如何不乐？如何看他不破而怀贪生之虑？如何看他不重而贻[3]虚生之羞？

[1] 太仓：储存粮食的官仓。

[2] 逝海：流向大海。

[3] 贻：遗留。

【译文】

人的生命，就好像大粮仓里的一粒米那般渺小，像耀眼的一道闪光那般短暂，像悬崖边上的朽木那般脆弱，像波涛汹涌大海里的波涛那般飘浮不定。明白这些道理的人，怎么能不悲哀？又怎么会不喜悦呢？为什么还要看不透人生的真谛而怀有贪恋生命的想法呢？又为什么不看重自己的生命而留下虚度光阴的羞耻呢？

觑鹬蚌兔犬，令人猛气消

鹬蚌相持[1]，兔犬共毙[2]，冷觑来令人猛气全消；鸥凫共浴，鹿豕同眠，闲观去使我机心顿息。

[1] 鹬（yù）蚌相持：比喻双方争执不下，两败俱伤，让第三者得到了好处。《战国策·燕策》：赵且伐燕，苏代为燕谓惠王曰：“今者臣来，过易水，蚌方出曝，而鹬啄其肉，蚌合而莫过拑其喙。鹬曰：‘今日不雨，明日不雨，即有死蚌！’蚌亦谓鹬曰：‘今日不出，明日不出，即有死鹬！’两者不肯相舍。渔者得而并擒之。今赵且伐燕，燕赵久相支，以弊大众。臣恐强秦之为渔父也。故愿王熟计之也。”

[2] 兔犬共毙：比喻事情成功以后，把出过大力的人杀掉。《史记·越王勾践世家》载：“（范蠡）自齐遗大夫（文）种书曰：‘蜚鸟尽，良弓藏；狡兔死，走狗烹。’”后用以比喻事成被弃。

【译文】

鹬蚌相互争执不下，它们两个都被人擒获；狡兔死后，走狗也遭杀戮。它们都是相互伤害，最终同归于尽。冷眼观看，真令人勇猛好斗之气完全消退。鸥与凫在同一个水塘中嬉戏，鹿与猪在同一个地方安睡，它们都互不伤害，相安无事，悠闲看去，便使人奸滑巧诈的心思顿时停息消散。

苦乐无二境，迷悟非两心

迷则乐境成苦海，如水凝为冰；悟则苦海为乐境，犹冰涣[1]作水。可见苦乐无二境，迷悟非两心，只在一转念间耳。

[1] 涣：融解。

【译文】

人如果执迷不悟，那么喜悦的境界也会变为痛苦的深渊，就像水凝结成冰一样；如果能清醒觉悟，那么即使身处痛苦的深渊也会变为快乐的境界，就像冰融化成水。由此可见，苦与乐本来就不是两种不同的境遇，迷与悟本来也不是两种不同的心境，其区别只在于念头转变的一瞬间。

物物见天心，时时观妙道

满室清风，满几[1]月，坐中物物见天心；一溪流水，一山云，行处时时观妙道[2]。

[1] 几：矮而小的桌子 。

[2] 妙道：自然界变化运转的规律。

【译文】

满室皆是清风，满桌皆是月光，坐定时所见到的每件东西都可以看出天赋的本性；一溪的流水，一山的行云，行走的地方随时都可以看到自然界变化运转的规律。

扫地白云起，才着便起障

扫地白云来，才着工夫便起障；凿[1]池明月入，能空境界自生明。

[1] 凿：挖凿。

【译文】

扫地时，若有一缕阳光照进来，便能够看到尘埃飞起，就像白云骤起，才下点工夫马上又产生了新障碍。在地上凿个水池，皓月当空时，便可以在池子里看到月亮。能保持境界的空明，自然会产生智慧。

莫受造化戏，天地任我锤

造化[1]唤作小儿，切莫受渠[2]戏弄；天地丸[3]为大块，须要任我炉锤[4]。

[1] 造化：天地、自然、命运。

[2] 渠：他。《玉台新咏·古诗为焦仲卿妻作》："渠会永无缘。"

[3] 丸：捏，抟。

[4] 炉锤：锤炼。苏轼《次韵孙莘老见赠时》："炉鎚一手赋形殊，造物无心敢忘渠。"

【译文】

命运被人称作喜怒无常的孩子，千万不要被他戏弄；而把天地捏成一个大土块，究竟该是什么样子，便可以任我们锤炼。

若非上上智，便无了了心

山河大地已属微尘，而况尘中之尘[1]；血肉身躯且归泡影，而况影外之影[2]。非上上智[3]，无了了[4]心。

[1] 尘中之尘：比喻人及一切生物的渺小。

[2] 影外之影：指身外的名利权位如镜中花水中月，转眼即逝。

[3] 上上智：最高的智慧。

[4] 了：明白、明了。

【译文】

山河大地与无限的宇宙空间相比，不过是一粒尘埃，而大地上生存的小小生物和无边的宇宙一比，不过是微尘中的微尘。我们的躯体与漫长绵延无限的时间相比，不过是短暂的浪花泡影，何况是那些比生命更短暂的功名富贵，不过是泡影外的泡影。所以，一个没有高深智慧的人，是不能具有彻悟真理之心的。

视富贵浮云，不必岩穴栖

有浮云富贵之气[1]，而不必岩栖穴处[2]；无膏肓泉石之癖[3]，而常自醉酒耽[4]诗。

[1] 浮云富贵之气：视富贵有如浮云般的高尚品格。

[2] 岩栖穴处：居住在深山洞穴之中。

[3] 膏肓泉石之癖：指喜欢泉石之乐成癖，严重得像病入膏肓那样难治。

[4] 耽：倾，倾轧。

【译文】

人只要有视富贵如浮云的节气，就不必隐居到深山洞穴当中去脱离俗世、修身养性；人只要没有沉溺山水风景到嗜狂成痴的地步，经常喝酒放歌、吟诗作对也是一番乐趣。

不为法空缠，身心两自在

竞逐[1]听人，而不嫌尽醉；恬淡适己，而不夸独醒。此释氏[2]所谓不为法缠[3]，不为空缠[4]，身心两自在者。

[1] 竞逐：竞争。

[2] 释氏：佛祖释迦牟尼的简称。

[3] 法缠：法，即一切法，一切事物和道理；缠，束、困扰。

[4] 空缠：为虚无之理所困扰。

【译文】

别人争名夺利与我无关，我也不必因为别人醉心名利就嫌弃疏远他；保持恬静淡泊的心性是为了顺应自己的个性，因此也不必向别人夸耀自己“世人皆醉我独醒”的清高。这就是佛祖所说的“既不被物欲所蒙蔽，也不被空虚寂寞所困扰，能做到这些，就是一个身自在而心悠然的人”。

机闲一日遥，意宽斗室广

延促[1]由于一念，宽窄系之寸心。故机闲[2]者一日遥于千古，意宽[3]者斗室[4]广于两间。

[1] 延促：长短。

[2] 机闲：心灵闲适。

[3] 意宽：心境宽广空旷。

[4] 斗室：极言房间之小。

【译文】

岁月的长短本来不在于岁月本身的变化，而在于人心的感觉，世界的宽窄原本也不在于世界本身的大小，而在于人心的体验。所以心机清闲的人看岁月，一天比千年还要漫长；心胸开阔的人看世界，一间斗室比天地还要宽广。

矜名输逃名，练事输省事

矜[1]名不如逃名趣，练事何如省事闲。

[1] 矜：自尊自大，自我夸耀。

【译文】

炫耀自己的名声还不如逃避名声更为有趣，做事情精明干练怎么比得上省事更为安闲自在。

去留无所系，静躁不相干

孤云出岫[1]，去留一无所系；朗镜悬空，静躁两不相干。

[1] 岫：山洞。西晋张协《七命》："临重岫而揽辔，顾石室而回轮。"

【译文】

孤云从山谷中飘出来，它来去自由无牵无挂，无论是远去还是停留与别的事物都没有任何关系；明月高悬空中，人间的安静与喧闹都与它毫不相关。

盖心无染着，欲境是仙都

山林是胜地，一营恋[1]便成市朝[2]；书画是雅事，一贪痴便成商贾[3]。盖心无染着，欲境是仙都；心有系牵，乐境成悲地。

[1] 营恋：营，迷惑；恋，留恋。《孙膑兵法·威王门》："营而离之，我并卒而击之。"

[2] 市朝：这里喻指庸俗喧嚣。市，交易场所；朝，君臣谋划政事的地方。

[3] 贾：商人。西汉桓宽《盐铁论·轻重》："笼天下盐铁诸利，以排富商大贾。"

【译文】

风景秀丽的林泉本是名胜之地，可是一旦沾迷留恋，那么幽境胜景就会变成庸俗喧嚣的闹区；书法绘画本来是骚人墨客的一种高雅趣味，可是一旦产生贪求和痴恋，就会把风雅的事变得庸俗市侩。所以一个人只要心地纯真没有污染，即使身在人欲横流的环境中也如同在仙境一般；反之一旦内心迷恋声色物欲，即使置身山间的快乐仙境，也会使自己如置身苦海中一样痛苦。

若静躁稍分，则昏明顿异

时当喧杂，则平日所记忆者皆漫然忘去；境在清宁，则夙昔[1]所遗忘者又恍尔[2]现前[3]。可见静躁稍分，昏明顿异。

[1] 夙昔：以往，过去。杜甫《骢马行》："夙昔传闻思一见。"

[2] 恍尔：恍然，忽然。

[3] 现前：出现在眼前。

【译文】

每当周遭环境喧嚣杂乱使人心情浮躁时，平日所记住的事情都会慢慢忘掉；每当周遭环境安宁使人心神平和时，以前所遗忘的事情又仿佛会呈现在眼前。由此可见，心神的浮躁和宁静稍有区分，昏暗与光明就会迥然不同。

身常放闲处，不受荣辱遣

此身常放在闲处，荣辱得失谁能差遣我？此心常安在静中，是非利害谁能瞒昧[1]我？

[1] 瞒昧：隐瞒实情。

【译文】

只要经常把自己的身心放在安闲的环境中，世间所有的荣华富贵、成败得失就都无法左右我；只要经常让自己的身心处在安宁清静的环境中，人间的功名利禄与是是非非就不能欺蒙我。

我不希荣贵，何忧利禄饵

我不希[1]荣，何忧乎利禄之香饵[2]？我不竞进[3]，何畏乎仕宦之危机？

[1] 希：希望，追求。

[2] 香饵：诱惑人的东西。

[3] 竞进：竞争，争进。

【译文】

我不追求荣华富贵，又怎么会担心别人用利禄作为诱饵来引诱我上钩呢？我不和别人竞争，又怎么会害怕官场中隐藏的危险呢？

多藏亡则厚，高步颠则疾

多藏厚亡[1]，故知富不如贫之无虑；高步疾颠[2]，故知贵不如贱之常安。

[1] 多藏厚亡：藏得多，失去也就多。

[2] 高步疾颠：步子迈得高，跌倒也就快。

【译文】

一个人金银财物贮藏得越多，损失也就越重，由此可知，富足的人不如贫穷的人那样无忧无虑；一个人步子迈得越高，跌倒也就越快，由此可知，高贵的人不如卑贱的人那样逍遥自在。

知身不是我，烦恼更何侵

世人只缘[1]认得“我”字太真，故多种种嗜好，种种烦恼。前人云：“不复知有我，安知物为贵？”又云：“知身不是我，烦恼更何侵？”真破的[2]之言也。

[1] 缘：因。

[2] 破的（dì）：本指箭射中目标，这里比喻话说得恰当。破，射中；的，射箭的靶子。

【译文】

只因世人把自我看得太重要了，才会产生那么多的嗜好和烦恼。古人说：“假如已经不再知道自我的存在，又如何能知道外物的可贵呢？”又说：“能明白连身体也在幻化中，一切都不是我所能掌握所能拥有，那么人世间还有什么烦恼能侵害我呢？”这真是一句切中要害的话呀。

猛兽易伏也，人心难降哉

眼看西晋之荆榛[1]，犹矜白[2]刃；身属北邙[3]之狐兔，尚惜黄金。语云："猛兽易伏，人心难降。溪壑易填，人心难满。"信哉！

[1] 荆榛：草木丛生。

[2] 矜白刃：矜，自夸。白刃，指代兵器。

[3] 北邙：洛阳以北有墓地曰北邙，由汉代起即是有名的墓地。《邙山》诗中曰："北邙山上列坟茔，万古千秋对洛城。"

【译文】

眼看着武功最盛的西晋，就要发生亡国大祸，变成杂草丛生的荒芜之地，可是一些高官贵族还在那里炫耀自己的武力；亲贵皇族，死后多半都葬在北邙山，身体已属于北邙山陵墓间狐鼠的食物，在世时还何必那样爱惜财富呢？俗谚说："野兽虽然容易制伏，可是人心却难以降服；沟壑容易填平，人的欲望却难以满足。"确实如此呀！

心地无风涛，随在皆青山

心地[1]上无风涛，随在皆青山绿树；性天[2]中有化育[3]，触处都鱼跃鸢飞[4]。

[1] 心地：心境、思想、意念。

[2] 性天：天性，本性。

[3] 化育：大自然生成万物，这里指本性善良。《礼记·中庸》："能尽物之性，则可以赞天地之化育。"

[4] 鱼跃鸢飞：形容万物各得其所，自由自在。《诗经·大雅》："鸢飞戾天，鱼跃于渊。"

【译文】

心中没有风涛波浪，那么看到的都是青山绿树的宜人景象；本性善良宽厚，随时都感觉像鱼儿水中游、鸟儿空中飞那样自由自在。

当年歌舞地，今败砌荒台

狐眠败砌[1]，兔走荒台，尽是当年歌舞之地；露冷黄花[2]，烟迷衰草，悉属旧时争战之场。盛衰何常？强弱安在？念此令人心灰。

[1] 砌：台阶。

[2] 黄花：菊花。李清照《醉花阴·薄雾浓云愁永昼》：“帘卷西风，人比黄花瘦。”

【译文】

狐狸作窝的残垣断壁，野兔奔跑的废亭荒台，这些都是当年歌舞升平的地方；遍地菊花在寒风中颤抖，一片荒草在烟雾中摇曳，这里曾是当年英雄争霸的战场。兴衰成败如此无常，而富贵强弱又在何方呢？每当想到这些，就会使人产生无限感伤而心灰意冷。

飞蛾投夜烛，鸱鸮嗜腐鼠

晴空朗月，何天不可翱翔，而飞蛾独投夜烛；清泉绿竹，何物不可饮啄，而鸱鸮[1]偏嗜腐鼠。噫！世之不为飞蛾鸱鸮者，几何人哉！

[1] 鸱鸮（chī xiāo）：猫头鹰一类的鸟。《庄子·秋水》：“于是鸱得腐鼠。”

【译文】

晴空朗月之下，何处不能自在翱翔？可是飞蛾偏偏要扑向灯火自取灭亡；清泉绿草之中，哪样东西不可以随意饮食果腹呢？

可是鸱鸮偏爱吃腐臭的老鼠。唉，世界上能不像飞蛾、鸱枭那样犯傻的人又有几个呢？

冷观观世人，冷情当世事

权贵龙骧[1]，英雄虎战[2]，以冷眼视之，如蝇聚膻[3]，如蚁竞血；是非蜂起，得失猬兴[4]，以冷情当之，如冶化金，如汤[5]消雪。

[1] 龙骧：像龙那样腾飞跳跃。

[2] 虎战：像虎一样激烈争斗。

[3] 膻：膻腥味。

[4] 猬兴：猬毛竖起，比喻事端纷起。猬：刺猬。

[5] 汤：热水。

【译文】

有权势的达官贵人，像飞龙一般气概威武；英雄豪杰像猛虎一样征战，若以冷眼从旁观看，他们就像苍蝇聚集在腥膻上争抢，蚂蚁在血泊中争夺一样龌龊不堪；人间的是是非非就宛如群蜂飞舞一般纷乱，得失不断产生宛如刺猬竖起的毛一样密集，而以冷静的头脑去对待它们，就像洪炉熔化金属，又如同热水消融冰雪，便能化有为无，淡然处之。

徇绝欲俱苦，听吾自修持

真空不空[1]，执[2]相非真，破相亦非真，问世尊[3]如何发付[4]？在世出世，徇[5]欲是苦，绝欲亦是苦，听吾侪善自修持。

[1] 真空不空：佛家语。真空是不为任何事物所迷惑但留一纯真。即佛教认为达到涅槃境界时，就离开了一切迷情所见之象，故叫真空。而“不空”是涅槃境界，是超脱世间一切烦恼的清净境界，是对生死

诸苦及其要源的彻底断灭。因为这个境界绝对真实，故称不空。

[2] 执：执着。

[3] 世尊：释迦牟尼佛。《佛说十号经》："天、人、凡圣、世间、出世间，咸皆尊重，故曰世尊。"

[4] 发付：发表意见。

[5] 徇：本意曲从，这里可理解为追求。

【译文】

不受任何事物物相的迷惑保留一片纯真，才能达到涅槃境界；但是，执著于事物外在形相并不能看清事物的本质，同样地，破除事物外在形相也不能看清事物的本质，请问佛怎样解释这个道理？置身于世又想超脱世俗，拼命追求欲望是痛苦，断绝一切欲望也是痛苦，如何应付痛苦，就只能靠自己领悟修行了。

好名利不殊，焦声思无异

烈士[1]让千乘[2]，贪夫争一文，人品星渊[3]也，而好名不殊好利；天子营家国，乞人号饔飧[4]，位分霄壤[5]也，而焦思何异焦[6]声？

[1] 烈士：重视道义节操的人。

[2] 千乘：古代的一车四马称为一乘。

[3] 星渊：星星高拴在天空。渊，深潭，形容差别极大。

[4]饔飧（yōng sūn）：泛指食物。饔，早餐。飧，晚餐。《京本通俗小说·拗相公》中有："况且民穷财尽，百姓饔飧不饱，没闲钱去养马骡。"

[5] 霄壤：比喻相差极远。霄，天；壤，地。

[6] 焦：苦。

【译文】

一个忠义的人，能把千乘兵车的大国拱手让人；一个贪得无厌的人，连一文钱也要争抢。人的品德真是有天壤之别，而喜欢沽名钓誉和一个贪得无厌的人在本质上并没什么不同。当皇帝治理的是国家，当乞丐为的是讨一日三餐，身份地位确实天壤之别，但是当皇帝的焦思苦虑和当乞弓的哀声乞讨，其痛苦情形又有什么不同呢？

性天须澄澈，心地勿沉迷

性天[1]澄澈，即饥餐渴饮，无非康济[2]身心；心地沉迷，纵谈禅演偈[3]，总是播弄[4]精魄。

[1] 性天：天性、本性。

[2] 康济：本指安民济众，此处作调剂身心讲。

[3] 谈禅演偈：谈论禅理，推敲佛偈。偈，佛家所唱词句。

[4] 播弄：颠倒翻弄。《元曲·梧桐雨》中有：“如今明皇已昏眊，杨国忠、李林甫拨弄朝政。”

【译文】

一个本性纯真的人饿了就吃渴了就喝。饿了吃渴了喝，无非是为了调剂身心。一个心地沉迷物欲的人，即使整天讨论佛经，谈论禅理，不过是在白白耗费自己的精力而已。

人心有真境，忘虑得以游

人心有真境[1]，非丝非竹[2]，而自恬愉[3]，不烟不茗[4]，而自清芬[5]。须念净境虚空，虑忘形释[6]，才得以游衍[7]其中。

[1] 真境：真实的境界，觉悟的妙境。

[2] 丝竹：乐器。

[3] 恬愉：恬淡愉快。

[4] 茗：茶。

[5] 清芬：清香。

[6] 形释：躯体的解说。释，解脱。

[7] 游衍：逍遥游乐。衍：漫延，扩展。《后汉书·桓帝纪》：“流衍四方。”

【译文】

人的心中有一个真实美妙的境界，没有音乐来调剂生活也会感到舒适愉快，不需要焚香烹茶也能感到满室散发着清香。只要能使心中有真实感受，而且思想纯洁意境空灵，就会忘掉一切烦恼身无束缚，如此才能使自己逍遥游乐在这样的美妙境界当中。

俗眼观世异，道眼观世常

天地中万物，人伦中万情，世界中万事，以俗眼[1]观，纷纷各异；以道眼[2]观，种种是常，何须分别，何须取舍！

[1] 俗眼：一般人的眼光。

[2] 道眼：超越世俗的眼光。

【译文】

天地间的一切事物，人世间的一切错综复杂的情感，以及世界上不断发生的种种事情，如果用世俗眼光去观察，是千差万别各不相同的；如果用超越世俗的眼光去观察，就会发现事物的本质都是一样的，没有什么区别，又何必要有分别？何必要有取舍呢？

缠脱在自心，心了见真境

缠脱[1]只在自心，心了[2]则屠肆[3]糟糠[4]居然净土。不然纵一琴一鹤，一花一竹，嗜好虽清，魔障终在。语云："能休尘境为真境，未了僧家是俗家。"

[1] 缠脱：摆脱束缚。缠，缠缚；脱，解脱。

[2] 心了：心中了悟。

[3] 屠肆：杀牲卖肉的店铺。肆，店铺。《后汉书·王充传》："家贫无书，常游洛阳市肆，阅所卖书。"

[4] 糟糠：酒店，本意酒糟，谷皮。

【译文】

想解脱世俗的纠缠，关键是看自己的内心，如果心性清净了悟，即使屠宰铺子与酒家也是洁净的极乐世界。要不然，即使终日与琴鹤相伴，种花草竹木为乐，喜好虽然清净淡泊，但束缚身心，妨碍得道的魔障仍然存在。古人说："能休尘境为真境，未了僧家走俗家"，此言之意为只要能断除一切烦恼邪念，则不论身处何处，皆是真理存在的境界。要是不能了悟红尘是非，即使出家深修，仍止于俗人的境界。

以我转物者，大地尽逍遥

以我转[1]物者，得固不喜，失亦不忧，大地尽属逍遥[2]；以物役[3]我者，逆固生憎，顺亦生爱，一毫便生缠缚[4]。

[1] 转：支配。

[2] 逍遥：徜徉自适。《诗经·郑风·清人》："河上乎逍遥。"

[3] 役：役使，奴役。陶渊明《归去来兮辞》：“既自以心为形役，奚惆怅而独悲。”

[4] 缠缚：困扰、束缚。

【译文】

以我为中心支配一切事物的人，成功了固然不觉得高兴，失败了也不至于忧愁，这样没有羁绊和牵挂地做人真是逍遥自在；以物为中心而受物欲奴役的人，遭遇逆境时心中产生怨恨，处于顺境时产生欢喜之心，一点细微的事就能把自己束缚住。

思生前死后，超物游象先

试思未生之前有何象貌，又思既死之后有何景色[1]，则万念灰冷，一性[2]寂然[3]，自可超物外而游象先[4]。

[1] 景色：景况形色。

[2] 一性：一心，全心。

[3] 寂然：宁静。《易经·系辞上》：“寂然不动。”

[4] 象先：超越各种形象。

【译文】

试想一下，人在还没有出生之前有什么样的相貌，再想一想人死之后又成为怎样的模样，想到这些，原先的各种念头就都会像冷灰那样熄灭。内心只要保持纯真、宁静，就可以既超脱现存的事物，又能遨游于天地之间。

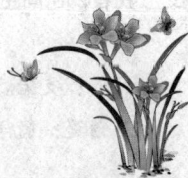

歌残妍丑消，棋尽雌雄空

优人[1]傅粉调朱，效妍[2]丑于毫端[3]。俄而歌残场罢，妍丑何存？弈者争先竞后，较雌雄[4]于着手。俄而局尽子收，雌雄安在？

[1] 优人：伶人，戏子。

[2] 妍：美丽、美好。

[3] 毫端：毫笔之端。

[4] 雌雄：胜败。《史记·项羽本纪》："愿与汉王挑战决雌雄。"

【译文】

演戏的伶人在脸上搽胭脂涂口红，一切的美丑都靠笔端化妆来修饰，可是转眼之间歌舞完毕曲终人散，方才的美丑又都到哪里去了呢？下棋的人在棋盘上激烈竞争，你争我夺，靠棋子的着落一决胜负，可是转眼间棋局完了子收人散，刚才的胜败又到哪里去了呢？

一身了一身，天下还天下

就一身了[1]一身者，方能以万物付[2]万物；还[3]天下于天下者，方能出[4]世间于世间。

[1] 了：明白、觉悟。

[2] 付：托付，赋与。

[3] 还：归还。

[4] 出：超出，出越。

【译文】

能够通过自身了悟自我的人，才可根据自然规则，使万物按照本性去发展而各尽其用；能够把天下交还给天下万民所共有的人，才能身处尘世而心灵超越到尘世之外。

人生是傀儡，要把柄在手

人生原是傀儡[1]，只要把柄[2]在手，一线不乱，卷舒自由，行止在我，一毫不受他人提掇[3]，便超此场中矣。

[1] 傀儡：木偶戏中的木头人，用在此处比喻人受操纵没有自由。

[2] 把柄：器物上的柄。

[3] 提掇：提拉，操纵。

【译文】

人生原本是受控制的傀儡，只要掌握住提拉傀儡的把柄，一线不乱，卷起展开自由，行动停止都由我决定，丝毫不受别人控制，这样就能超脱俗世了。

造化与人心，混合无间也

当雪夜月天，心境[1]便尔清澈；遇春风和气，意界[2]亦自冲融。造化[3]人心，浑合无间。

[1] 心境：情绪心情。

[2] 意界：心中意境。

[3] 造化：创造培育，这里指自然。

【译文】

在雪花飘落的夜晚与明月当空的时候，人的心情也会变得清澈明朗；沐浴着春风和气，人的情绪也跟着变得轻松起来，大自然与人的心灵浑然一体，紧密无间。

山居胸次清，触物皆佳思

山居胸次[1]清洒，触物皆有佳思。见野鹤孤云[2]，而起超绝之想；遇清泉白石，而动澡雪[3]之思；抚老桧寒梅，而劲节与之挺立；侣沙鸥麋鹿[4]，而机心与之顿忘。若一入尘寰[5]，无论物不相关，即此身亦属旒赘[6]矣。

[1] 次：中。

[2] 野鹤孤云：自由自在不受束缚之物。刘长卿《送方外上人》诗有："孤云将野鹤，岂向人间伍。"

[3] 澡雪：澡是沐浴，雪在此处当动词用，作洗涤解，澡雪是指除去一切杂念保持纯洁的心灵。《庄子·知北游》有："澡雪而精神。"

[4] 麋鹿：麋，大鹿，性温柔。《孟子·梁惠王上》："顾鸿雁麋鹿"。

[5] 寰：世界。

[6] 旒：多而无用的意思。旒是旗下所垂之穗，引申为多余的装饰物。

【译文】

隐居在山间胸怀自然开朗洒脱，所接触的事物自然都能引起佳思；看见孤云野鹤，就会引起超尘脱俗的念头；遇到山谷溪间的流泉，就会引起洗洁一切世俗杂念的思想；抚摸耸立在风霜中的老桧寒梅，心中不由会涌起效法它们威武不屈的刚毅气节；终年与温和的沙鸥和麋鹿在一起，勾心斗角的邪念就会全消。假如再度走回烦嚣的都市，即使不跟各种声色环境接触，终会觉得自己就像旗帜的飘带一样毫无用处。

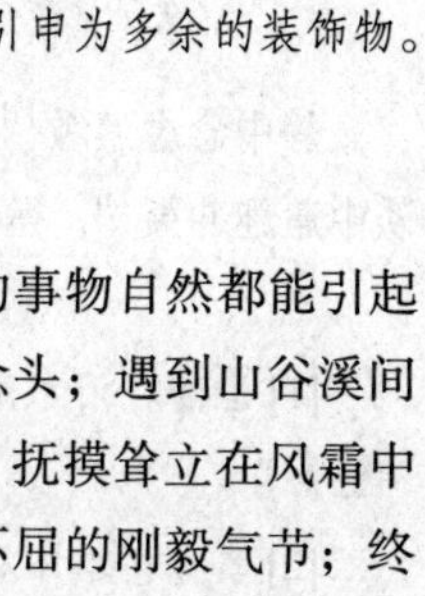

不落世情窠，在世出世法

世态有炎凉，而我无嗔喜[1]；世味有浓淡，而我无欣厌。一毫不落世情窠臼[2]，便是在世出世法也。

[1] 嗔喜：喜怒。嗔，生气。

[2] 窠臼：陈旧老套的格式。

【译文】

人情世故中虽然有冷热，可是我的心中却没有愤怒与欢喜。人世滋味有浓淡，可是我的心中却没有高兴或厌烦。丝毫不落入人情世态的老套子中，这便是身在俗世红尘中却能超脱俗世的方法。

静中念澄澈，见心之真体

静中念虑澄澈[1]，见心之真体[2]；闲中气象[3]从容，识心之真机；淡中意趣冲夷[4]，得心之真味。观心证道[5]，无如此三者。

[1] 澄澈，河水清澈见底。王献之《镜湖帖》：“镜湖澄澈，清流泻注。”

[2] 真体：本体。

[3] 气象：气度、气概。

[4] 冲夷：谦虚和乐。冲，谦虚、淡泊；夷，和乐。

[5] 证道：参证之道。

【译文】

安静的时候，人的心绪才会像秋水一般清澈，这时才能发现心性的真正本源，悠闲的时候，人的气概才会像晴空白云一般舒畅悠闲，这时才能发现心性的真正玄机；平淡的时候，人的内心才会像平静无波的湖水一般谦虚和蔼，这时才能获得人生的真正乐趣。要想观察人生的真正道理，莫过于这三种方式了。

鱼得水忘水，识此超物累

鱼得水逝[1]，而相忘乎水；鸟乘风飞，而不知有风。识此可以超物累，可以乐[2]天机。

[1] 逝：行、游。

[2] 乐：享受。

【译文】

鱼在水中优哉游哉地游着，但是它们本身并没有在水中的感觉，鸟借风力在空中自由自在地翱翔，但是它们却不知道自己置身风中。人若能认清这个道理，就可以超然置身于物欲的诱惑之外，享受人生的乐趣。

识天地鸣佩，见乾坤妙文

林间松韵[1]，石上泉声，静里听来，识天地自然鸣佩[2]；草际烟光[3]，水心云影，闲中观出，见乾坤最妙文章。

[1] 松韵：风吹松林发出的响声。

[2] 鸣佩：佩玉的响声。佩：系在衣带上作装饰用的玉。李白《感兴六首·其二》：“解佩欲西去。”

[3] 烟光：迷蒙的景色。

【译文】

风掠过森林，使苍松发出象海涛般的乐章，泉水溅落在岩石上，使岩石发出阵阵冲击声，静静凝听，便可以认识自然界的和谐声音。

江边的棵棵芦苇，原野尽头上升起的迷蒙烟雾，水中央倒映的白云美景，悠闲看去，便能领略到天地间最美妙的景色。

得喧见寂趣，悟有入无机

水流而石无声，得处喧见寂之趣；山高而云不碍，悟出有[1]入无[2]之机。

[1] 有：指有形的、具体的事物。

[2] 无：指无我的境界。

【译文】

江河的水一直不停地流动，但是两岸的人却听不到流水的声音，这样反而能发现闹中取静的真趣；山峰虽然很高，却不妨碍白云的流动，这种景观可使人悟出从有我进入无我境界中的玄机。

固浓不胜淡，俗不如雅也

衮冕[1]行中，著一个山人藜杖[2]，便增一段高风；渔樵路上，来一个朝士[3]华衣，便添许多俗气。固知浓不胜淡，俗不如雅也。

[1] 衮冕：古代皇帝及上公的礼服，这里指代官位。《仪礼·觐礼》：“天子衮冕，负斧依。”

[2] 藜杖：手杖。

[3] 朝士：在朝做官的人。

【译文】

在衣着华丽的高官显贵之中，如果出现一位手持拐杖身穿粗布衣衫的隐士，自然能增加无限高雅的风韵；在渔夫樵夫中，如果有一位穿着华丽朝服的达官显贵，反而大煞风景增加很多俗气。所以说，荣华富贵并不如清淡宁静，庸俗比不上高雅。

得诗家真趣，悟禅教玄机

一字不识，而有诗意者，得诗家真趣[1]；一偈[2]不参，而有禅[3]味者，悟禅教玄机[4]。

[1] 真趣：真正的意趣。

[2] 偈：梵语偈陀的音译，意译为“颂”，就是佛经中的唱词，简作“偈”，每偈约四句。

[3] 禅：指静思的意思，梵语禅那的音译。

[4] 玄机：佛家、道家称奥妙的道理为玄机。

【译文】

一个字也不认识的人说起话来却有诗意，这才是真正得到了诗的意趣；一个偈都不参悟的人说起话来却有禅机，这才是真正领悟了禅宗的玄妙佛理。

释氏之随缘，吾儒之素位

释氏之“随缘[1]”，吾儒之“素位[2]”，四字是渡海的浮囊。盖世路茫茫，一念求全，则万绪纷起。惟随遇而安，斯无入而不自得矣。

[1] 随缘：佛家语，指顺其自然不加勉强。

[2] 素位：指现在所处的地位，做自己应做的事情，不羡慕身外的事情。据《礼记·中庸》：“君子素其位而行，不愿乎其外。”

【译文】

佛家讲的凡事都顺其自然、不必勉强，儒家讲的要做好自己的分内之事，不要去羡慕自己的身外之事。“随缘”和“素位”这四个字对于人们的作用，就像人们渡海时候使用的浮囊一样重要。因为人生路漫长渺茫，如果凡事都想做得完美，那么会惹起许多烦恼。只有随遇而安，才能处处都体会到怡然自得的乐趣。

任幻形凋谢，识本性真如

发秃齿疏[1]，任幻形[2]之凋谢；鸟吟花笑，识本性之真如[3]。

[1] 疏：稀疏，这里形容人牙齿脱落，所剩不多的样子。

[2] 幻形：佛家语，佛家认为人的躯体是幻形。据《圆沉经》：“幻身灭故幻心亦灭。”

[3] 真如：佛家语，指真理。

【译文】

头发脱落、牙齿稀疏，这是人到老年后自然的生理现象。人们大可任其自然不必为此伤心。从小鸟的歌声中与盛开的鲜花中，认识自然中的永恒真理。

养生篇

爽口味五分，快心事五分

爽口[1]之味，皆烂肠腐骨[2]之药，五分便无殃[3]；快心之事，多损身败德之媒，五分便无悔。

[1] 爽口：美味，可口。

[2] 烂肠腐骨：指美味吃得过多会损伤肠胃。

[3] 无殃：没有损害。

【译文】

美味佳肴吃多了，就会损伤肠胃，只要控制自己，吃半饱就不会损伤身体；愉悦身心的事情，大多是损害人德行的媒介，所以愉悦身心的事情不可以做过多，适量即可，这样就不会使人将来后悔。

知有生之乐，怀虚生之忧

天地有万古[1]，此身不再得；人生只百年，此日最易过。幸生其间者，不可不知有生之乐，亦不可不怀虚生[2]之忧。

[1] 万古：永恒不变，形容天地之长久。

[2] 虚生：虚度人生没有成就。

【译文】

天与地的运动变化是永恒的，可是人的生命却只有一次；人一辈子活到一百岁已经是高寿，每一天的时间过得都非常快。我们有幸生长在天地之间，不可以不了解生活中的快乐，可是也需要有这样的忧虑，不抓紧时间创造人生价值就会虚度人生毫无成就。

悉利害之情，绝利害之虑

议事者身在事外，宜悉[1]利害之情；任事[2]者身居事中，当绝利害之虑[3]。

[1] 悉：了解，明白。

[2] 任事：负责某件事情。

[3] 虑：顾虑。

【译文】

评议某件事情的时候，自己没有参与这件事情，应当详细了解这件事情中的利害得失。负责某件事情的人，自己参与到事情当中，应当消除顾虑，把这件事情中的利害得失都放到一边。

只和气浑然，是居身之宝

标[1]节义者，必以节义受谤[2]；榜道学者，常因道学[3]招尤。故君子不近恶事，亦不立善名，只要和气浑然[4]，才是居身之宝。

[1] 标：标榜，标明。

[2] 谤：毁谤，责备。

[3] 道学：宋儒研究学问主要研究义理，这种学问被称为理学，理学也就是道学。此处道学泛称一切学问道德。

[4] 和气浑然：温和纯朴。

【译文】

一个标榜节义的人，到头来必然因为节义受到批评诋毁；一个标榜道学的人，经常由于道学而招致人们的抨击。因此一个君子平日既不接近坏人做坏事，也不标新立异建立声誉，只是一股纯厚、和蔼的气象，这才是立身处世的无价之宝。

忙里要偷闲，闲中要取静

忙里要偷闲，须先向闲中讨个把柄[1]；闹中要取静，须先从静处立个主宰[2]。不然未有不因境而迁、随事而靡[3]者。

[1] 把柄：这里用来比喻做事要把握要点。

[2] 主宰：主见。

[3] 随事而靡：随着事物的发展盲目地跟随。靡，散败。

【译文】

即使在很繁忙的时候，也要设法抽出一点空闲时间，用以调节紧张的身心，必须在无事时把要做的事先做下调整，养成这种习惯，才会有调剂身心的工夫。要想在喧嚣的环境中保持冷静的头脑，就必须在心情平静时事先对事情做个计划。否则，一旦遇到事情就会手忙脚乱，不知所措，弄得一团糟。

雨余观山色，夜静听钟声

雨余观山色，景象便觉新妍；夜静听钟声，音响尤为清越[1]。登高使人心旷，临流使人意远；读书于雨雪之夜，使人神清；舒啸[2]于丘阜[3]之巅，使人兴迈[4]。

[1] 清越：声音清脆悠扬。

[2] 舒啸：发出心中闷气。舒，伸展；啸，吹而发声。

[3] 丘阜：小山冈。

[4] 迈：奋发，豪爽。

【译文】

在雨后观赏山川景色，就会觉得另有一番清新气象；当夜深人静聆听庭院钟声，就会觉得声音特别清脆悠扬。登上高山放眼远看，就会使人感到心胸开阔；面对流水凝思，就会让人感到意境悠远。在雨雪之夜读书，就会使人感到心旷神怡；爬上小山朗声而啸，就会使人感到意气豪爽。

昼闲听鸟语，夜静看云舒

昼闲人寂，听数声鸟语悠扬，不觉耳根尽彻[1]；夜静天高，看一片云光舒卷，顿令眼界俱空。

[1] 彻：通达。

【译文】

闲暇的白天，人声寂静，听到几声悠扬清脆的鸟鸣声，不禁让人感到耳边格外清净透彻；宁静的夜晚，天空晴朗，看见一片白云在夜色中缓缓飘动，顿时令人觉得眼前特别空灵。

醉倒落花前，天地为衾枕

兴来醉倒落花前，天地即为衾[1]枕；机息[2]坐忘[3]磐石上，古今尽属蜉蝣[4]。

[1] 衾：被子。

[2] 机息：追求名利得失的机心都停止消失。

[3] 坐忘：平心静气，进入物我两忘的境界。

[4] 蜉蝣：一种寿命很短的小虫。古人常用以比喻人生的短促，时间的短暂。

【译文】

兴趣到来的时候开怀畅饮醉倒在落花前，天地就是我的被子和枕头；心计停止的时候平心静气地坐在磐石上，古往今来都像蜉蝣的生命那样短暂。

拂意事休言，会心处独赏

花开花谢春不管，拂意[1]事休对人言；水暖水寒鱼自知，会心处还期独赏。

[1] 拂意：不如意。清代张潮《〈快说续记〉小引》：“世有拂意者，于烦恼场中展读一过，不啻如醍醐之灌顶，甘露之洒心。”

【译文】

花的开放与败落与春天没有关系，遇到不顺心意的事情不要对别人说；水的冷暖鱼儿自然知道，遇到心领神会的地方还望能独自赏玩。

土床石枕冷，拥衾梦魂爽

木床石枕冷家风，拥衾时梦魂亦爽；麦饭豆羹淡滋味，放箸处齿颊犹香。

【译文】

土床石枕，家风虽然清贫，但睡着时梦里也感到清爽；麦饭豆羹，滋味虽然清淡，但放下筷子时牙齿与腮颊仍留有余香。

扫浓淡之见，灭欣厌之情

谈纷华[1]而厌者，或见纷华而喜；语淡泊而欣者，或处淡泊而厌。须扫除浓淡之见，灭却欣厌之情，才可以忘纷华而甘淡泊也。

[1] 纷华：繁华热闹。《史记·礼书》：“出见纷华盛丽而说，入闻夫子之道而乐。”

【译文】

谈及繁华而讨厌的人，或许真见到繁华时反而会欢喜；说起淡泊而高兴的人，或许真处于淡泊时反而会厌烦。所以人们必须除去对繁华与淡泊的见解，灭掉高兴与厌烦的情绪，这样，才可以忘掉繁华而甘心淡泊。

富贵死负重，贫贱死释重

富贵得一世宠荣，到死时反增了一个“恋”字，如负重担；贫贱得一世清苦，到死时反脱了一个“厌”字，如释重枷[1]。人诚想念到此，当急回贪恋之首，而猛舒愁苦之眉矣。

[1] 枷：枷锁。《隋书·刑法志》：“凡死罪枷而拲，流罪枷而梏。”

【译文】

富贵的人一生中受尽恩宠荣耀，临死时就会贪恋眼前的荣华富贵，到死时反而增加了一个“恋”字，有如肩负起千斤重担；贫贱的人一辈子受尽清贫困苦，临死时就不用再厌倦生前的贫困生活，到死时反而脱除了一个“厌”字，就像卸下了沉重枷锁。人们如果真能考虑到这些情形，应当赶快回转贪恋的头，急忙舒展愁苦的眉。

识疏狂足贵，知淡泊为真

遍阅人情，始识疏狂之足贵；备尝世味，方知淡泊之为真。

【译文】

看遍人情世故，才能认识狂放不羁的宝贵；尝尽世间滋味，才能明白恬静寡欲的纯真。

觉鹏程窄小，知鹤梦悠闲

地宽天高，尚觉鹏程之窄小；云深松老，方知鹤梦[1]之悠闲。

[1] 鹤梦：超凡脱俗的向往。此处可理解为隐逸。

【译文】

知道了地宽广，天高远，才感到便是大鹏展翅也是那么的微不足道；知道云海浩渺，松柏苍老，才明白隐逸生活是多么的悠闲。

观翠红青白，得诗料禅机

阶下几点飞翠落红，收拾来无非诗料[1]；窗前一片浮青映白，悟人处尽是禅机[2]。

[1] 诗料：写诗的素材。

[2] 禅机：悟得佛法的机缘。

【译文】

台阶下飘落的几片绿叶，几朵红花，收拾起来无非是作诗的素材；窗前飘过的一片青云，一阵白雾，都是使人感悟本心、领会禅理的机缘。

空拳握古今，握住当放手

两个空拳握古今，握住了还当放手；一条竹杖担风月，担到时也要息肩。

【译文】

两个空拳掌握古今之事，即使握住了还应当放一放手，不可偏激执念；一条竹杖挑起清风明月，即使挑到了也需要歇一歇，不能受到迷惑。

疑好事皆虚，信闲人是福

忽睹天际彩云，常疑好事皆虚事；再观山中古木[1]，方信闲人是福人。

[1] 山中古木：比喻人生在世，材与不材皆受累，只有悠闲的人才不为物所支使。《庄子·山木》："庄子行于山中，见大木，枝叶盛茂。伐木者止其旁而不取也。问其故，曰：'无所可用。'庄子曰：'此木以不材得终其天年。'"

【译文】

忽然看到天边的彩云，转眼间便飘然而去，由此常使人怀疑世上那些美好的事物都是虚幻的事物；再看山中的古树，因没有用处而得以保存下来，由此使人相信世上那些清闲的人才是有福的人。

世事勿扼腕，人生且舒眉

东海水，曾闻无定波，世事何须扼腕[1]？北邙山[2]，未省留闲地[3]，人生且自舒眉。

[1] 扼腕：手握其腕，表示愤怒或惋惜等情绪。

[2] 北邙山：此山位于河南省洛阳市北。汉魏时期，历代王公贵族死后多葬于此。

[3] 未省留闲地：坟茔密集，看不到空地。

【译文】

东海之中，波澜起伏，从来没有静止不动的波浪，人世的事情也同样有不平，那么对待人世的事情何必常感到愤怒或惋惜呢？北邙山上，坟墓密集，已看不到空闲的地方，由此可知人生都不免一死，那么对待人生应该乐观超脱。

霜天闻鹤唳，雪夜听鸡鸣

霜天闻鹤唳，雪夜听鸡鸣，得乾坤清纯之气[1]；晴空看鸟飞，活水观鱼戏，识宇宙活泼之机。

[1] 清纯之气：干净纯洁的气息。

【译文】

在寒霜漫天的天气里听鹤的叫声，在大雪皑皑的夜间听鸡鸣，便能得到天地清净纯真的气息；在晴朗的天空下观看鸟儿飞翔，在流动的水中观赏鱼儿嬉戏，从而识得宇宙中生动活泼的机趣。

烹茗听瓶声，炉内识阴阳

闲烹山茗听瓶声[1]，炉内识阴阳之理[2]；漫[3]履[4]楸枰[5]观局戏，手中悟生杀之机。

[1] 瓶声：瓶内水沸声。

[2] 阴阳之理：宇宙间阴阳变化运转的道理。阴，指瓶中之水；阳，指炉内之火。

[3] 漫：漫不经心。

[4] 履：走，移动。

[5] 楸枰：以楸木做的棋盘。

【译文】

安闲地煮山茶，听瓶中水沸之声，从水与火中认识到宇宙阴阳变化运转的道理；漫不经心地随着棋步的变化观看弈棋游戏，从下棋的手中感悟到世间生存与杀伐的机谋权变。

园圃看蜂忙，觑尘情世态

芳菲园林看蜂忙，觑破几般尘情世态；寂寞衡茅[1]观燕寝，引起一种冷趣幽思。

[1] 衡茅：以横木为门，以茅草盖房，指简陋的房屋。

【译文】

在花草芬芳的花园，只是观看忙碌采蜜的蜜蜂，也可以从中看破一些人情世态；在寂静冷清的茅屋，只是观看回巢栖息的燕子，也能让人产生一种清雅的情趣和深沉的幽思。

会心不在远，得趣不在多

会心不在远，得趣不在多。盆池拳石[1]间，便居然有万里山川之势；片言只语内，便宛然见千古圣贤之心，才是高士的眼界，达人的胸襟。

[1] 盆池拳石：如盆之地，如拳之石，比喻空间狭小。

【译文】

善于领悟大自然情趣的话，不必跋山涉水去寻求，真正的生活乐趣也并不在多，只要有一个小小的池塘和几块形状各异的石头，就能像置身名山大川一般心醉神迷；片言只语之内，便仿佛见到了古代圣贤的思想精神，这才是高明之士的眼界，旷达之人的胸襟。

心与竹俱空，是非不著脚

心与竹俱空，问是非何处著脚？念同山共静，知忧喜无由上眉。

【译文】

人心如果像竹子那样空虚而无杂念，请问是非能在何处落脚？思绪如同大山那样沉静安稳，可知忧虑与喜悦便不会在眉梢出现。

养志于清修，栖心于淡泊

趋炎虽暖，暖后更觉寒威；食蔗能甘，甘余便生苦趣。何似养志于清修，而炎凉不涉；栖心于淡泊，而甘苦俱忘。其自得为更多也。

【译文】

依附炎热虽能得到温暖，但得到温暖后更会感到寒冷的严厉；吃甘蔗虽能尝到甜味，但尝到甜味后便会觉得其他食物都是苦味。人们还不如在清静安闲中修养心志，而与炎热和寒冷都不相干，在恬静寡欲中安定心性，而将甘甜和苦涩皆忘掉。如能这样，人们自己从中得到的乐趣就更多了。

拥飞花落絮，坐锦绣团裀

席拥飞花落絮，坐林中锦绣团裀[1]；炉烹白雪清冰，熬天上玲珑液髓[2]。

[1] 团裀：圆形的坐褥。

[2] 玲珑液髓：清澈的玉液。

【译文】

席上拥有纷飞飘落的花絮，坐在林中锦绣的圆褥上，能使人物我两忘；炉上煮着洁白的冰雪，锅里熬着天上晶莹清澈的玉液，能使人心性清静。

想屈原激烈，会陶潜风流

鹤唳雪月霜天，想见屈大夫醒时之激烈；鸥眠春风暖日，会知陶处士醉里之风流。

【译文】

在大雪纷飞、浓霜铺地的天气里听到仙鹤悲鸣，便会想到当年屈原在“众人皆醉我独醒”时的慷慨激烈；在春风荡漾、阳光普照的日子里见到海鸥安眠，便会领悟到当年陶渊明辞官归隐后沉醉时的风流超脱。

黄鸟呼醉客，白云媚幽人

黄鸟情多，常向梦中呼醉客；白云意懒，偏来僻处媚幽人[1]。

[1] 幽人：隐士。

【译文】

黄鸟情多，常在树上啼叫，唤醒梦中的醉客；白云意懒，随风飘浮，偏要到边远的地方来讨好幽居的隐士。

栖蓬神情旷，结翁意念真

栖迟[1]蓬户，耳目虽拘，而神情自旷；结纳山翁，仪文[2]虽略，而意念常真。

[1] 栖迟：隐居。

[2] 仪文：礼节。

【译文】

隐居简陋的茅屋，耳目虽然受到局限，但神情自然开朗；结交山居的老翁，礼节虽然粗疏，但意念常常纯真。

曰尘世苦海，彼心自尘苦

世人为荣利[1]纷缠，动曰尘世苦海。不知云白山青，川行石立[2]，花迎鸟笑，渔唱樵歌，世亦不尘，海亦不苦，彼自尘苦[3]其心尔。

[1] 荣利：荣华名利。

[2] 川行石立：川水之流，溪石耸立。

[3] 尘苦：尘世间的诸般烦恼。

【译文】

世间上的人都被虚荣心和利禄心所缠缚，因此动不动就说这个世界是个苦海。从来不知道这个世界有白云笼罩下的青山翠谷，屹立在奔流河水中的奇岩怪石、迎风招展的美丽花卉、呢喃歌唱的小鸟，以及樵夫一边砍柴一边唱歌时山鸣谷应之声。其实，这世界一点儿都不尘俗嚣扰，而苦也不如海般深广，只是人们使自己的心落入尘嚣堕入苦海罢了。

高形逸神劳，下形劳神逸

贪得者身富而心贫，知足者身贫而心富；居高者形逸而神劳，处下者形劳而神逸。孰得孰失，孰幻孰真，达人当自辨之。

【译文】

贪求财物的人物质虽然富足，但内心空虚，自知满足的人物质虽然贫困，但内心充实；身居高位的人身体虽然安逸，但心神劳碌，处于微贱的人身体虽然劳碌，但心神安逸。谁得谁失？谁虚幻谁真实？通达事理的人自己应当辨别得出。

奢者富不足，俭者贫有余

奢者富而不足，何如俭者贫而有余？能者劳而伏怨，何如拙者逸而全真？

【译文】

奢侈的人虽然富有，但心里总是不满足，还不如节俭的人虽贫穷，但心里充实；有能力的人虽然劳累，但埋下了怨仇，还不如愚笨的人安逸，能保全真心。

无名位乐真，无饥寒忧甚

人知名位[1]为乐，不知无名无位之乐为最真；人知饥寒为忧，不知不饥不寒之忧为更甚。

[1] 名位：名利和地位。《史记·西门豹传》："西门豹为邺令，名闻天下。"

【译文】

只知道拥有名利地位是人生一大乐事，人们却不知道那种没有名声地位牵累的快乐才是最实在的人生乐趣；只知道挨饿受冻是最痛苦、最值得忧虑的事，人们却不知道那些虽无饥寒之苦，却因为种种欲望，弄得精神空虚忧愁才更加痛苦。

勿争长竞短，勿较雌论雄

石火光中[1]争长竞短，几何光阴？蜗牛角上[2]较雌论雄，许大[3]世界？

[1] 石火光中：用铁击石所发出的一闪即逝的火光，形容人生短暂。

[2] 蜗牛角上：比喻地方极小。

[3] 许大：多大。

【译文】

人生就像用铁击石所发出的火光一闪即逝，在这种短暂的生命时光中究竟有多少的时间去争夺名利呢？人类在宇宙中所占的空间就像蜗牛角那么小，在这狭小的地方去争强斗胜究竟有多大世界呢？

常忧死虑病，可消幻长道

色欲火炽，而一念及病时，便兴似寒灰；名利饴甘，而一想到死地，便味如嚼蜡。故人常忧死虑病，亦可消幻业[1]而长道心[2]。

[1] 幻业：为佛家术语，是梵语"羯魔"的意译，本指造作的意思。

[2] 道心：发于义理之心。《朱子全书·尚书》篇："人心，人欲也；道心，天理也。所谓人心者是血气和合做成；道心者是本来禀受仁义礼智之心。"

【译文】

色欲像烈火一样燃烧起来时，只要想一想生病的痛苦，烈火就会变得像一堆冷灰；功名利禄像蜂蜜一般甘美时，只要想一想死时的情景，名位财富就会像嚼蜡一般无味。所以一个人要经常思虑疾病和死亡，这样也可以消除些罪恶而增长一些进德修业之心。

贪得者乞丐，知足者王公

贪得者，分金恨不得玉，封侯怨不授公，权豪自甘乞丐；知足者，藜羹[1]旨于膏粱[2]，布袍暖于狐貉[3]，编民[4]不让王公。

[1] 藜羹：藜菜做的羹汤，比喻粗劣的食物。

[2] 膏粱：肥肉谷米，比喻精美的食物。

[3] 狐貉：狐貉皮做的大衣。

[4] 编民：编入户籍的平民。

【译文】

贪欲深重的人，分给他金银，还会怨恨没有分到珠玉；已封为王侯，还会埋怨没有授予他公爵，所以显贵权豪身居高位，但因不知足而心甘情愿地做乞丐。自知满足的人，吃野菜粗粮，会觉得比肥肉谷米味更美；穿粗布袍褂也觉得比狐貉皮大衣更暖和，虽然是平民百姓处于低层，但因知足，品格并不比王公贵族卑贱。

杯中吟风月，躲万丈红尘

芦花被[1]下卧雪眠云[2]，保全得一窝夜气；竹叶杯[3]中吟风弄月[4]，躲离了万丈红尘[5]。

[1] 芦花被：以芦苇花作棉絮的被子。

[2] 卧雪眠云：睡在山野之中。

[3] 竹叶杯：酒杯。竹叶，此指竹叶青，酒名。

[4] 吟风弄月：面对清风明月，吟咏诗歌。

[5] 红尘：飞扬的尘土，即指人世。

【译文】

身盖芦花被褥，居住在清静的山野中，便能保全一窝清新的晚风；手持竹叶酒杯，沉浸在吟咏风光邀对明月的意境里，就能摆脱人世的种种烦恼。

闲看花开落，漫随云卷舒

宠辱不惊[1]，闲看庭前花开花落；去留[2]无意，漫随天外云卷云舒。

[1] 宠辱不惊：对于荣耀与屈辱无动于衷。

[2] 去留：去是退隐，留是居官。

【译文】

对于一切荣耀与屈辱无动于衷，用安静的心情欣赏庭院中的花开花落；对于官职的升迁得失丝毫不放在心上，冷眼观看天上浮云随风聚散。

羡山林之乐，未必得林趣

羡山林[1]之乐者，未必真得山林之趣[2]；厌名利之淡者，未必尽忘名利之情。

[1] 山林：隐士所居住的地方。

[2] 趣：趣味。李白《月下独酌·其二》：“但得醉中趣，勿为醒者传。”

【译文】

经常畅谈山野林泉生活之乐的人，未必就能完全领悟山林的真正乐趣；经常高谈讨厌功名利禄的人，心中未必就完全忘记名利。

花茂谷艳幻，木落崖枯真

莺花茂而谷艳山浓，总是乾坤之幻境[1]；水木落[2]而崖枯石瘦，才见天地之真吾[3]。

[1] 幻境：虚空之境。

[2] 水木落：秋天时节，天气干燥，山水干涸，树叶凋落。水，泉水。

[3] 真吾：我本来的面目。朱熹《四时读书乐·冬》：“木落水尽千崖枯，迥然我亦见真吾。”

【译文】

春天一到百花盛开百鸟齐鸣，为山谷平添了无限迷人景色，然而这种鸟语花香的艳丽风光，只不过是大自然的一种幻象；秋天一到泉水干涸树叶凋落，山涧中的石头呈现干枯状态，然而这种山川的一片荒凉，才正好能看见天地的本来面貌。

岁月本来长，而忙者自促

岁月本长，而忙者自促；天地本宽，而鄙者自隘；风花雪月[1]自闲，而劳攘[2]者自冗。

[1] 风花雪月：本指四季景色的变化，此处喻指无关天下之事。

[2] 劳攘：形体的劳碌，精神的困扰。

【译文】

岁月本来很长，可是那些奔波忙碌的人却自己觉得时间很短促；天地本来很宽广辽阔，可是那些心胸狭窄的人却把自己局限在小圈子里；春花秋月本来是供人欣赏调剂身心的，可是那些奔波劳碌的人却认为是一种多余无益的东西。

心中无物欲，座中有琴书

心无物欲，便成霁海秋空；座有琴书，即是丹丘[1]石室[2]。

[1] 丹丘：仙人住的地方。

[2] 石室：珍藏贵重物品或书籍的地方。喻指仙人住的地方。

【译文】

一个人心中没有物欲，他的胸怀就会像秋天的碧空和平静的大海那样开朗；一个人闲居无事有琴书陪伴消遣，生活就像神仙一般逍遥自在。

达撒手悬崖，俗沉身苦海

笙[1]歌正沸处，便自拂[2]然长往，见达人撒手悬崖；更漏已残[3]时，犹然夜行不休[4]，笑俗士沉身苦海[5]。

[1] 笙：管乐器名。

[2] 拂然长往：毫不留恋。

[3] 更漏已残：古代计时将一夜分为五更，漏是古代用来计时的仪器，更漏已残是形容夜已深沉。

[4] 夜行不止：此指应酬繁忙。

[5] 苦海：佛教指尘世间的烦恼和苦难。据《法华经·寿量品》说："我见诸众生没在苦海。"

【译文】

当歌舞盛宴到最高潮时，就自行整理衣衫毫不留恋地离开，那些胸怀广阔的人就能在这种紧要处猛回头，真是令人羡慕；夜深人静仍然忙着应酬的人，已经坠入无边痛苦中而不自觉，说来真是可笑。

乐栽花种竹，烦恼还乌有

损之又损[1]，栽花种竹，尽交还乌有先生[2]；忘无可忘，煮茗焚香，总不问白衣童子[3]。

[1] 损之又损：减少。《道德经》中有："损之又损，以至于无为。"

[2] 乌有先生：典出《史记·司马相如》中的"乌有先生者，乌有此事也，为齐难。"

[3] 不问白衣童子：并不问送酒的白衣人是何许人，比喻已经进入完全忘我状态。

【译文】

生活中的物质欲望要减少到最低限度，每天种些花栽些竹培养生活情趣，把世间的一切烦恼都忘到九霄云外；脑海中已经了无烦恼没有什么可以忘记的东西，每天就面对着佛坛烧香提着水壶烹茶，自然会使自己进入完全忘我境界。

松涧边独行，竹窗下高卧

松涧边携杖独行，立处云生破衲[1]；竹窗下枕书高卧，觉时月浸寒毡。

[1] 衲：和尚穿的衣服，这里借指宽大的衣服。

【译文】

在长着松树的山涧边扶着手杖独自缓步而行，随处可见的云雾仿佛从破旧的衲衣中飘出来的一样；在竹制的窗下枕着书卷放心而眠，醒来时月色已照到了单薄的毡被上。